U0697177

Treasures for Scholars Worldwide

趙柏巖集

②

桂學文庫·廣西歷代文獻集成

潘琦　主編

广西师范大学出版社
GUANGXI NORMAL UNIVERSITY PRESS
·桂林·

國立廣西[illegible]圖書館

光緒大事彙鑑卷十

全州趙炳麟柏巖著

嗚呼清社之亡其在庚子一役乎是役也無非家人之間互生嫌怨於是柬聯軍賠巨款竭民脂民膏輸諸異族馴至百政無措四海困窮宮庭之嫌怨愈深邦國之危疑愈甚不待民黨起強藩興識者早知其無救矣吾讀大學平天下一章發嘆修齊之不可略也述拳匪之變

拳匪之變

二十五年己亥十二月　慈禧皇太后立端郡王載漪子溥儁為大阿哥端王府習義和拳

先是　上鑒中日之役亟亟圖變法自強康有為言新政

獲罪舊臣以此並排 上請廢立者接踵張仲炘黃桂鋆言之尤力大學士剛毅力主之大學士榮祿者夙巧黠知廢帝必來天下兵難之欲立皇子徐令上告病大學士徐桐題之炳麟以乙未第進士桐爲乙未座師己亥十月嘗見之桐謂曰今日天子無嗣建儲宜亟我意無論如何於近支王公擇一人爲 穆宗後立之不知士大夫以爲然否炳麟曰 高宗以建儲多流弊禁之請者受嚴刑 祖訓煌煌至三至四又輯歷代儲貳金鑑詳述其弊此事恐違制且 上猶英年他日 上有子何以置之桐曰彼一時此一時也前戶部尚書崇綺其女爲 穆宗后乞休家居綺夙善桐桐因薦於榮祿言綺可共大事祿桐再三詣綺遂以 懿旨起綺於家立端王載漪子溥儁爲大阿哥後穆宗綺之起也其門人唐椿森往賀之綺曰吾不眠三宵矣茲事責重吾身家以之 端王者鎮國公載瀾同母兄也戊

戊楊崇伊請　太后訓政言　皇上變法召亂至　頤和園摺不得達遇載漪載瀾宮門爲遞之漪瀾以是得　太后歡故溥儁得立立阿哥之日　太后逼　上痛哭下詔罪己　召見羣臣上流涕自摘其冠絨頂揷阿哥冠羣臣多泣者天下見詔旨哀痛以爲廢　帝也大譁知府經元善合數千人電諫南洋華商桂林士民安南暹羅緬甸各處寓民上書諫者不絕各國公使無一國入賀者載漪令總署諷之曰俄皇加冕我遣頭等大臣賀之各君主有慶我皆賀之不闕今我立皇嗣何無一國賀者各國使臣答曰我輩讀詔旨　貴國大皇帝倘哀痛迫切不知何慶可

賀載漪因而大惡謀報之欲招京中標客爲宿衛而義和拳頭目適來京義和拳者即八卦教嘉慶時林淸等用以嘯亂仁宗納給事中周廷森奏嚴禁之習者受極刑自外人勢強天主耶穌教民魚肉流舊有司不直之且袒教民民恨刺骨思報之而妖民遂乘間傳其教教分八卦而乾坎二卦最多乾卦頂黃巾腰黃帶坎卦頂紅巾腰紅帶言術咒可避刀劍槍礮婦人則曰紅燈罩徧體皆服紅愚民習者頗衆日以焚教堂殺教民爲事睚眦殺人無算始山東蔓及直隸前山東巡撫毓賢嘗借拳力剿曹匪及來京陛見力贊之會載漪欲招軍遂引數頭目詣漪試以術頗

驗漪大喜曰此天欲滅夷也遂令府中爲神壇習之高雲溪者道士也居白雲觀出入禁中與總管太監李連英爲密友中外賄連英者多由之拳匪頭目僧海靖道士某皆與雲溪善遂因李連英揄揚太后亦信之高雲溪名仁峒以字行

以崇綺徐桐在弘德殿行走授大阿哥讀

綺爲密摺欲請廢立榮祿知之造綺問焉綺曰此一篇霍光傳也祿曰此事行我輩禍且不測索摺觀而碎之遂已

錮翰林院編修沈鵬陳鼎貴鐸檢討吳式釗於獄後貴鐸以係旗籍獨免監禁

初鵬以應詔陳言上疏言宮闈事故事翰林無講官銜不能專摺須掌院代遞鵬疏爲徐桐抑不得達而國聞報館

得其稾刊布之剛毅大怒曰誓必殺此狂奴至是大阿哥立朝士多腹誹載漪等欲逐朝士示威剛毅遂進國聞報所刊鵬疏太后大怒　召見徐桐問曰爾翰林院中有此逆臣何尚未見汝劾邪聞翰林似鵬者不乏汝密查劾之不稍緩桐下遂劾鵬等皆永遠監禁鼎於戊戌上稜邪廬抗議評鐸式釗皆辦鑛務故皆及禍鵬疏云爲應詔直言敬祈據呈代奏事竊職伏讀九月初二初五等日上諭因旱災將成詔諸臣各抒讜論冀迓和甘仰見朝廷宵旰憂勞至意職隨於二十一日恭具一疏當堂賫呈冀得代遞以未合體制格不得上今者畿內雨澤既降目下似可以無言矣然甘霖不降四野亢旱民生之憂國家之憂也不得不言三凶在朝上倚慈恩下植徒黨權震天下威脅士民包藏禍心伺隙必發危及至尊四海懸心切於剝膚盜賊於是乎竊伺强敵於是乎覬覦尤君父之隱憂國家之鉅患也忍懼禍畏罪而不言乎况我朝納言之盛超越百代乾隆朝孫家淦以自是規高宗道光朝

袁銑以寡欲規宣宗而倭仁勝保蘇廷魁諸人並直言不諱於文宗之朝此皆匡正主德直陳無隱主聖臣直著爲美談而我朝之糾舉大臣者有若李之芳之劾魏裔介彭鵬之劾李光地而彈劾權姦者如郭琇之參明珠錢灃之參和珅等當時皆侃侃直言不避權貴是以貪橫歛迹聖治昌明欽惟我皇太后皇上敬承祖制宵旰求言又何忍於聖主之前而緘默不言乎謹即前疏所言而增益其未備請爲皇太后皇上陳之竊聞大易所言乾爲君位史官所紀日爲君象此中國數千年相傳之恒說也若古來垂簾之政則惟宋之宣仁太后治稱極盛此外若漢之和熹鄧太后亦有美政紀於簡編然考其時皆國君嗣服尙在冲齡始舉此制故漢安帝之年稍長杜根則有諫言而宋章獻太后之時范仲淹亦嘗諍之若今日我皇上之臨御天下也二十餘年矣而去秋八月臣下猶恭奉皇上籲請皇太后訓政者此惟聖母止慈聖皇止孝度越萬古超軼尋常或謂皇上因遘逆臣康有爲之變而籲請皇太后以定危疑或謂皇上因聖體違和而籲請皇太后以持國計度今一年以來皇太后之調護聖躬而訓啟聖聰者當已聖德日隆而聖體日康矣爲皇太后計則歸政之時也惟今日者或謂皇上以時事多艱而欲仰承乎慈訓皇太后以國事爲重而畧形跡之嫌疑此則聖慈聖孝亘古同昭臣下豈敢有他說獨是此後皇上聖躬之安否如何天下萬世不能不以爲皇太后之責任何則必有魯恭袁敞楊震以爲之臣而後得成和熹之治又必有司馬光呂公著文彥博以爲之臣而後得成宣仁之治司馬光呂公著諸人雖奉宣仁太后以爲政其於宋帝固無纖芥之嫌也若今日三凶在朝憑權藉勢上託聖慈之倚畀隱與君上爲

仇讐而其餘之以世僕而怏怏於少主以黨閹而竊竊然患失者咸有不利其君之心以希永保富貴之計核其情狀往往而然而三凶又爲之魁三凶者何大學士榮祿大學士剛毅太監李連英是也榮祿少以妄言熒聽廢斥多年近十年間重躋通顯不念皇上錄用之恩而以倒行逆施爲事方其爲步軍統領也已上恃皇太后之親下恃禮親王之戚玩視朝旨三令不從比任北洋不及半年激怒皇上幾欲加誅夫人臣而爲聖主所欲殺則即平日之跋扈可知今則內掌樞機外握兵柄夫自古及今內外之權不相侵將相之柄不兼攝誠以防主弱臣强禍生不測也曹操於漢有此權則凌君矣司馬昭於魏有此權則殺主矣今榮祿既爲軍機大臣而又節制武衛五軍北洋各軍近聞蘇元春練兵江南亦歸節制兵權之盛漫尋及於南洋而且督撫保人材則歸其差遣外省製利器則供其軍械威柄之重震動天下我朝所有權臣如鰲拜明珠年羹堯端華肅順之徒均無此勢力使榮祿於此或生異心未識皇太后何以爲皇上地也即令榮祿此時初心可保而此後則勢如騎虎不得復下武夫患失必起姦謀禍變之來未知所底夫古來史冊所載權臣恃母后之親而不利其嗣君者不少也況今日榮祿之於皇上乎此可慮者一也剛毅外託清廉內實貪鄙風聞其平日嘗通餽遺於閹寺設典肆於都門既爲軍機大臣則開陳上心善回天聽是其責也乃去年皇上變法之時剛毅輒抗違激撓以致皇上怒擲章奏故去秋之變平情衡論亦由剛毅釀激成之迨皇太后訓政之初剛毅首以殺戮士人鈎稽黨籍爲務幸而皇太后聰明仁恕祇戮數人不事株連若充剛毅之居心不至盡殺士類不止夫士與民國家之赤子聖主

所愛惜者也乃剛毅之籌餉江南也則任不肖官吏肆意追呼閭閻驚擾而又裁撤學
堂摧傷士氣省數萬有限之欸灰百千士子之心夫江南士民感戴皇上紀誦聖德一
聞中外之訛言輒用怵惕而憂疑其用情雖愚其愛君則摯剛毅必指爲漢奸摧夷挫
辱夫人一念愛君即爲漢奸則必仇視皇上腹誹聖德而後爲大清之良民中國之良
士是則率國人而叛皇上者剛毅也其設心於皇上爲何如乎此可慮者二也歷古以
來如漢如唐如明皆有宦官之禍漢之宦官如曹節侯覽張讓等明之宦官如王振汪
直魏忠賢等皆攘竊威柄荼毒臣民而卒以圮其國然此其人皆志在蒙蔽天子以成
其奸故尚無弑逆之事惟唐之宦官廢立由其專擅弑逆出於倉猝若憲宗則弑於陳
宏志之手若敬宗則弑於劉克明之手寺人謀逆可爲寒心我朝懲前毖後家法森嚴
閹尹小人不得與政事防微杜漸宜無漢末明季之患矣而今之李連英者以一宦寺
而屢經彈劾罷官去者已非一人風聞該太監已有資財數十萬夫不由貪婪此財何
由而得不竊作威福又何以遂其貪婪今日者結天下之公憤召中外之流言上損我
慈聖之盛名下啟彼逆臣之口實其爲罪惡已不勝誅而其最可慮者此日隱患伏於
宮禁之閒異日必禍發於至尊之側蓋李連英之所恃者皇太后而其所不快者我皇
上也故比年來頤和園奔走官寮內務府執事臣僕凡得展轉通該太監之聲氣者以
及臣僚等本因該太監起家而數與往來者無不指斥乘輿而詆誹聖德也然則該太
監之設心處慮於皇上爲何如乎唐憲宗之於陳宏志未嘗欲誅之也而宏志卒弑之
以服藥暴崩告矣唐敬宗之於劉克明未嘗欲誅之也而克明卒弑之於飲酒燭滅時

矣刑餘之人心狠手辣自古然也此其可慮者三也此三人行事不同而不利於皇上則同且權勢所在人爭趨之今日凡旗員之掌有兵柄者即職不隸榮祿而亦榮祿之黨援也凡旗員之勢位通顯者即悍不若剛毅而亦剛毅之流亞也而旗人漢人之嗜進無恥者日見隨聲附勢而入於三人之黨時勢至此人心至此可爲痛哭流涕長太息故竊謂不殺三凶以厲其餘則將來皇上之安危未可知也夫此三人在今日內藏奸慝之謀外託公忠之狀禍伏隱昧似可無顯言於朝不知涓涓不塞將成江河水之涓涓猶可塞也及爲江河則一決而不可止而況此三人者惟皇太后能操縱之生殺之皇上之才非其敵也今乘皇太后訓政之時分榮祿之權懲剛毅之暴除李連英之毒以絕一切不軌之謀弭將來無窮之禍惟在於皇太后一詔令耳若異日者榮祿則黨羽徧滿盡收天下之勁兵剛毅則貪暴恣睢盡挫天下之志氣李連英則盤踞於內患生肘腋防不勝防奸黨滿朝內外一氣此時我皇上孤立於上惟有委政權强聽命宵小或可圖旦夕之安一有釁端則危難立至此時即有效忠者亦何異於董卓朱溫之保漢唐主尙何濟哉春秋傳曰無使滋蔓蔓難圖也正謂此也伏願皇太后皇上聽曲突徙薪之謀懍滋蔓難圖之義亟收榮祿之兵權而擇久任督撫忠懇知兵者分領其衆懲剛毅之苛暴而用慈祥仁恕之人李連英閹尹小人復何顧惜除惡務盡不俟終朝如此則皇上安於泰山可以塞天下之望矣且非獨爲皇上計也今天下時勢尤甚可危矣自各口通商以來西洋天主耶穌等敎傳行中原各省之民入其敎者通計何止數百萬人自粵捻回各匪平定以來各省裁撤之兵流爲哥老會匪二十年來輾

轉勾引日聚日衆蹤跡詭秘不可究詰東南各省無地無之而各省之劇賊積盜竊伏充斥比年來焚教堂戕教士乘隙肇亂者層見迭出夫以各省教會各匪劇賊積盜之潛伏於下者如此之多設朝廷一旦有事必皆乘間竊發揭竿而起若彼西洋各國約縱連横得寸得尺大欲無厭孰不願中國有事以收漁人之利豈眞有一國可恃南宋恃元卒覆於元此殷鑒也竊謂權强在朝刁璫在内則主權弱而禍變不可知一有禍變則盜賊起而天下亂外人於是乘間而割削我中國不有明末流寇之憂則有晉末五胡之禍此時雖食榮祿剛毅李連英諸人之肉亦何足以謝天下然則今日願我皇太后皇上思患預防懲治權姦者所以保聖躬卽所以固大清基業也此固普天下忠憤之人所欲流涕爲皇上告職之所爲不惜首領而陳此言也伏願據職愚悃代陳於聖主之前抑職再有請者論語云邦有道危言危行邦無道危行言遜今皇太后皇上孜孜求治達聰明目采及芻蕘若慮觸犯忌諱而不使上陳非所以處有道之邦對聖明之主若慮妄言熒聽則聖明燭照自有權衡固無庸大臣代爲慮及且伏考本朝掌故若咸豐七年編修劉其年呈請禁絕京城錢票繩以嚴法當時掌院大臣以其所見迂謬詳加開導劉其年堅請代奏直待顯皇帝明諭申飭劉其年始無異言可見當時芻蕘之陳必達聖聰職謹援此例披瀝具呈堅請代奏至於狂瞽之論干冒宸嚴以及屢次公堂嘵嘵瀆請已干大不敬之律蹈不諳例之愆並請中堂奏聞朝廷嚴刑治罪無所推諉職不勝區區之誠謹具呈伏乞代奏皇太后皇上聖鑒謹呈光緒二十五年十月二十一日

二十六年庚子三月以毓賢爲山西巡撫

先是毓賢至京而以袁世凱撫山東世凱率新健陸軍至濟南大索拳黨誅之拳黨不敢東伏乃潛入直隸境景州西河御河皆響毓賢失故缺益厚結載漪漪倚之若長城以山西咫尺京師爲後蔽令撫之賢至山西引拳黨入晉晉大亂山西學政劉廷琛疏劾之（賢於五月間引拳匪入晉初傳衍壽陽楡次一帶六月派員招入省賢恭迎大堂下入廳分賓主坐民爭效之頃刻數萬始殺教士教民焚教堂繼則殺及官紳士民焚及民屋公局廷琛劾其引賊入室貽害地方請懲治嚴禁不報）

四月直隸大旱

初直境習拳者多童稺自春至夏不雨日光慘淡月色如血農民不能耕作聚習者衆妖言四起雲合響應拳壇所

望皆是矣

五月直隸提督聶士成剿拳匪落垡

士成統武衛三十營屯甯河時拳勢大熾將燬鐵路電桿士成奉　詔守之拳匪紛紛圍攻士成令擊之殺匪無算

貴州提督梅東益剿拳匪滄州

滄州知州史作霖素惡拳匪拳黨恨之將率衆戕作霖作霖奔東益營東益庇之拳黨因恨東益圍之白刃相向東益擊之殺數百人乃散東益扼滄州拒匪民賴以安

副將楊福同剿拳匪淶水被戕

拳教入畿輔應者頃刻數萬淶水知縣祝芾告警直隸總

督裕祿遣楊福同剿之福同累戰皆捷殺匪數百尋爲伏匪所困戕而磔之

拳匪入涿州

淶水陷拳勢彌熾遂入涿州知州龔蔭培告警順天府尹何乃瑩知端邸將用拳謂蔭培不善處罷之自是不奉拳幟者皆被殺掠人無敢稍訾城廂均設壇習之

命大學士剛毅刑部尙書趙舒翹順天府府尹何乃瑩招撫義和拳入京師

剛毅夙惡 上尤恨談洋務其視漢人若仇敵（嘗爲箴言懸座右云漢人強滿洲亡漢人創滿洲樂）而深得 太后眷至是命赴涿州查看拳團剛毅

曰義民也可用舒翹心知其爲亂民而不敢言乃瑩附會之遂令毅等引拳民入京至者盈數萬鐵路電線皆燬壇場徧日下以　上及慶親王弈劻大學士李鴻章知時務抗言曰吾等當盡滅諸夷不受賜願得一龍二虎頭（一龍謂上二虎謂慶王李相也）載漪等嘉之令出入宮禁賜龍旗旌之（拳民爲壇祭洪鈞老祖黎山老母諸神薄暮令家家焚香向東南叩首香煙滿街市凡穿洋布衣者皆殺之甚至招牌書洋廣雜貨者皆令易之即牛羊字亦不許稱道）

俄使格羅夫上書

俄駐京使臣上書言亂民滋事各國將藉以開釁不利中國中俄睦誼二百年不可不告譯署弗敢上格羅夫欲入見封奏亦不報

拳匪大焚直隸教堂直隸全省皆拳幟處處焚教堂殺教民火光相望尸首載塗

殺日本書記生杉山彬

杉山彬自永定門出遇董福祥兵殺之剖其腹福祥驕蹇累言己兵强四夷不足平　太后倚任之令駐京爲護衛日以刼掠爲事

拳匪火右安門教堂

右安門教堂被火教民無老少男婦均殺之拳匪殺人其黨各加一刃數千人加數千刃血肉狼籍

拳匪火順治門教堂

城門晝閉火光燭天人心大亂　詔旨陽謂拳民宜勦截

淯陰任之

聯軍陷大沽

天津河東拳民日攻租界及馬家堡槍炮橫飛不絕英人章森請於我副將韓照琦言聯軍欲借大沽炮臺進兵保使館及商埠且代平拳匪天津總兵羅榮光謝之趨守大沽俄水師提督阿力沙甫率海軍攻大沽日美英德法兵艦爲助營弁封應鼎然大炮擊之傷英艦一而聯軍大至陷之榮光走天津尋仰藥死

拳匪火正陽門樓及民居

正陽門左右肆居故繁盛珠玉翠羅叢集有慶樂戲園拳

匪謂其奉教火之漫及民居四千餘家火光數日不息正陽城樓亦燬於火拳匪火人廬宇自云有術欲然則然欲止則止至是殃及良善過衆則云慶樂主人以穢水潑之故術不驗

召羣臣會議

太后召大學士六部九卿翰詹科道入議羣臣相顧無敢言吏部侍郎許景澄者出使俄德意荷熟諳外交奏曰中外交通數十年民教相仇之事歲數數見不過賠償而止今交民巷使館朝不保夕各國公法視使臣綦重倘有不測宗社生靈之憂也太常寺卿袁昶力言戰釁不可開使臣必宜保聲頗激切太常寺少卿張亨嘉言拳民不可恃倉場侍郎長萃在亨嘉後大言曰此義民也臣自通州來

通州無義民不保矣載漪載漣等力贊曰義民者天助中國滅夷也人心不可失　上曰人心未可恃祇益亂耳今日人喜言兵然朝鮮之役其初主戰者紛紛迨戰無一勝人心瓦解效亦可覩矣況各國之兵十倍日本合而謀我何以禦之載漪言董福祥善戰剿回有功禦夷必無患上曰福祥驕不可用敵兵精械利非回之比侍講學士朱祖謀亦言福祥無賴載漪語不遜　上太息久之羣臣退載漪剛毅遂合疏言拳民可用

命那桐許景澄說聯軍楊村

聯軍欲衛使館長驅至楊村遣那桐許景澄說止之至豐

臺遇拳民刼之歸將刃景澄景澄曰有　太后詔遂釋之

聯軍尋以人少至落垡而還

再召羣臣會議

太后再召羣臣入議謂曰皇帝意在和不欲用兵有言和便者今日廷論可盡爲上分別言　上曰敵非不可戰顧須籌戰法耳今中國積弱兵叉不足恃用亂民以求一逞寗有幸乎載漪曰義民起田間出萬死不顧一生以赴國家之難今以爲亂欲誅之人心一解國誰與圖存　上曰亂民皆烏合敵兵利能以血肉相搏乎且人心徒空言耳奈何以人命爲兒戲　太后度載漪辨窮戶部尚書立山

以計算用事侍中得　太后歡　太后乃問立山立山曰拳民雖無他然其術多不驗載漪色變曰用其心耳何論術乎立山敢廷爭是且與夷通試遣立山退夷兵必聽立山曰首言戰者載漪也漪當行臣不習夷不足任載漪詆立山漢奸抗辨　太后解之罷朝遂遣兵部尚書徐用儀內閣學士聯元及立山至使館告曰無召兵召兵來則失好矣

復召羣臣會議

太后欲攻使館復召羣臣議之聯元言使臣不保洋兵他日入城雞犬皆盡矣載瀾怒目曰聯元貳夷可殺協辦大

學士王文韶言中國自甲午以後財絀兵單衆寡強弱之勢既已不侔一旦開釁何以善其後願　太后三思　太后擎案罵曰若所言吾習聞之若能前去令夷兵毋入城不則且斬若文韶懼不敢對　上持景澄手泣曰汝外交熟宜想法彌縫朕一人一家不足恤如百萬生靈何景澄亦泣　太后怒曰許景澄敢執　皇帝手何太無禮遂罷朝自是持戰議者載漪載瀾載勳載濂剛毅徐桐崇綺啟秀趙舒翹徐承煜而編修王龍文知府曾廉合上書載漪言縱火東交民巷四近民居必延使館使館焚使臣可盡殺如是內患可去又言夷兵將至京而言和者猶衆以致

士無鬬志非盡殺言和者戰必不勝載漪嘉之議遂決

載漪令虎神營兵殺德國全權公使男爵克林德

克林德欲詣總署議論肩輿往載漪所部之虎神營兵遇於途槍擊斃之

命載漪崇綺徐桐榮祿剛毅啟秀趙舒翹等督辦軍務

自是國事皆漪裁決漪用王龍文曾廉李雲慶等爲謀客意稍不合輒指爲漢奸禍不測人人自危 太后不能制漪且曰天下亦汝之天下汝欲如何則如何而已

命董福祥及武衛中軍（榮祿所統）督義和拳攻各國使館（榮祿自負知兵太后重任之以樞相總攝天下兵權開幕府設關防立北洋軍務公所延爽良譚啟瑞聶時雋陳夔龍樊增祥爲幕賓分北洋軍爲五名曰武衞軍宋慶毅軍爲左軍駐營口袁世凱新建陸軍

爲右軍駐小站聶士成武毅軍爲前軍董福祥甘軍爲後軍分駐蘆台永平爲北洋遊擊之師別募萬人爲中軍以提督張俊領之爲全軍翼長皆歸榮祿節制所謂北洋五大軍也俊死別將恩祥不能馭士榮祿自將之又令湖北提督張春發募十營爲先鋒左翼江西按察使陳澤霖募十營爲先鋒右翼駐淮北遙助聲勢自右軍隨世凱入山東前軍左軍各守要隘福祥兵在薊州唯中軍分布禁城內外博奕好飲横行都市都人爲之諺曰武衛軍如虎狼誰其將者榮中堂庚子五月二十四日令董福祥率兵攻東交民巷榮祿率武衛中軍助之

戰議定將盡殺各國使臣以清內患載漪命福祥率甘軍榮祿率武衛中軍督拳民攻使館拳民仗劍偊步進殺聲滿城槍礮聲日夜不絕彈縱横輦下路人傷亡者無算內廷入值人員傷者不乏攻逾月各國兵數百合教民千餘守之卒莫能破甘軍武衛軍死傷逾萬拳民死者尤夥尸

山積臭聞數里許四近民居焚殺殆盡使館前後左右無雞犬（甘軍武衛軍皆無賴賊奉令攻使館先將商民鎗斃搶其金銀淫其子女出則焚其屋宇哭聲聞數里）西什庫有天主教堂法教士樊國良率教民百餘守之甘軍武衛軍督拳民進攻亦逾月莫能破（是時甘軍武衛中軍因緣劫掠主帥莫能制貝子溥倫大學士孫家鼐徐桐工部尚書陳學棻內閣學士貽穀副都御史曾廣鑾太常寺卿陳邦瑞編修錫嘏家皆被劫僅以身免其後使館西什庫不能破王龍文曾廉請決玉泉山水灌之且上書請用山東僧普法四川賊余蠻子湖南革道周漢謂之三賢三人者皆野蠻排外者也）

詔獎拳民賞內帑

兩廣總督李鴻章兩江總督劉坤一湖廣總督張之洞四川總督奎俊浙閩總督許應騤福州將軍善聯巡視長江李秉衡江蘇巡撫鹿傳霖安徽巡撫王之春湖北巡撫于蔭霖湖南巡撫

俞廉三廣東巡撫德壽合奏言亂民不可用邪術不可信兵端不可開不報

電奏云各國洋電皆以拳匪妄殺生釁我不速剿致動衆怒日本電謂若
肯速剿尙可轉機京城危急北望焦灼查拳匪符咒惑人傳敎煽亂實不
能避槍砲嘉慶十三年久經諭禁若眞係直隸義民何以陝西李來中爲首是爲邪敎
應剿一也不遵詔旨解散內外亂殺華洋均受其害且要挾欽使殺新城淶水兩縣目
無法紀是爲亂民應剿二也旗書助清滅洋乃各省會匪故套若助朝廷出力何以抗
旨北自北京東至天津西至河間周圍千餘里均被滋擾勒派供糧其中不盡教民亦
濫遭橫殺致畿輔民不聊生是爲土匪應剿三也燬壞國家所設電線鐵路値數百萬
阻詔奏誤軍行又焚燬京外洋房民房是爲刼盜應剿四也即不與各國開釁亦應痛
剿況無故戕害洋人焚燬洋房殺日本參贊今海口已被占奪都城布滿洋兵添來兵
艦匪無械無紀在東在直皆不能敵官兵近日在落垡被洋兵擊斃無數在東交民巷
又被洋兵擊斃無數未見其能避槍砲若謂烏合亂匪能與大隊洋兵拒戰斷無其事
仰懇　皇太后皇上聖斷念宗社之重速持定見勿信妄言明降諭旨力勦邪匪嚴禁
暴軍速安慰各使館力言決無失和之意告以已召李鴻章來京當與各國妥商辦法
以全兩美聞美國在大沽並未開砲宜先託美使調停勸令停兵息戰我方可專力剿
匪並請速發電旨述皇太后皇上之意飭駐各國使臣向各外部道歉日本被戕參贊
優加撫卹力任以後保護明諭各省保護洋商教士衆怒稍平庶可徐商挽救宗社安

危所關間不容髮再過數日大局決裂悔無及矣坤一之洞等又疏云臣等奉二十四
日寄諭欽遵續准東撫密電二十五日寄諭拳匪在京助官獲勝降旨嘉獎各等因欽
此竊謂此次大患在於各強國一齊開釁目前大沽已失京都危急拳匪僅恃邪術各
國非比流寇雖幸獲勝仗各國斷不甘心勢必增調重兵報復俄日兩國陸兵最多其
來最速現俄用裝茶輪船改赴旅順裝兵英調印度兵美調小呂宋兵日本調廣島兵
法調西貢兵連德國陸兵不下八九萬斷非董宋聶諸軍之所能抵禦拳匪無紀律可
勝不可敗敗則四散以京師之重地當孤注之一擲危迫極矣論兵力一國焉能抵各
國不敗不止論大勢各國焉肯讓一國不勝不止豈有拳匪可操常勝而無一敗之理
鑾輿戰旬日藥彈必竭接濟無從更何能以血肉之軀與砲火相持一旦兵敗拳散各國
大隊直入京城社稷乘輿何堪設想此臣等痛哭流涕不忍言而不敢不言不得不萬
叩以請朝廷亟思變計者也沿江一帶會匪鹽梟安慶道友與拳匪各自爲黨平時專
以劫掠爲事名號皆背逆之語並無拳匪之黨可招臣等已將防務情形密爲籌備但
就目前計北方已決裂至此東南各省若再遭蹂躪無一片乾淨土餉斷援絕全局瓦
解不可收拾矣惟有穩住各國或可保全疆土昨寓漢口英領事迭來臣等署中面商
欲派兵艦多艘入江保衛商務臣等以力任保護堅詞却之該領事已允不再派艦上
海各領事處並經飭令上海關道密爲轉商亦各允許蓋長江商務英國爲重各國覬
覦已久懼英而不敢先發英亦懼各國干預而不敢強佔以啟各國戎心在我止可就
其所忌而羈縻牽制之若觸怒一國勢必羣起聚攻大沽之覆轍可勝追鑒此實委曲

求全之意現在尙屬安靜自可暫與周旋仍一面嚴密籌備唯江防海軍兵械未能一律雖酌量增募訓練仍無把握一經宣戰各國封我海口滬局軍火不能運出將士戰守奮勇亦無藥彈接濟沿海各省紛擾可慮防不勝防閩浙廣東兵力亦薄從前法越之戰日本之戰開釁皆止一國軍械藥彈尙可設法分購密運勉支半年故一國尙可戰若謂可以抵拒各國臣等決不敢作此矜夸之語以欺君上而誤國家外釁一開內匪四起更難措手總之能聯絡一氣長江以內當可使外人無從逞志倘各國必欲以干戈從事派大隊兵艦攻我營台實逼處此臣等受恩深重有守土之責自當盡力抵禦存亡與共事機甚緊所關甚鉅謹披瀝上陳再出使各國大臣此時請勿遽行召回各使臣下旗回國即是明示決裂自認攻燬各國人命物產以後更難轉圜擬仍令暫住爲要在京各國使臣亦宜設法挽留勿遽聽去合詞瀝陳此奏係電由東撫代爲具摺交驛六百里加緊飛遞以期迅速不勝急迫之至

山東巡撫袁世凱奏劾拳黨

世凱素得　太后眷載漪以懿旨令世凱率武衛右軍先鋒隊趣江南殺劉坤一盡燬各國商埠世凱不奉詔且諫

曰朝廷縱亂民至舉國以聽若奉嬌子禍不忍言矣不聽世凱令嚴兵守山東邊界不許亂民入東一步入則殺之自是亂黨不敢向東南

下詔宣戰

大沽早陷而內廷無所聞以法領事杜士蘭索大沽礮臺爲辭下詔宣戰其稾由軍機章京連文冲呈剛毅而實編修蕭榮爵所擬榮爵與文冲善且喜排外好攻新黨故文冲託之

以莊親王載勛大學士剛毅統領義和團左翼總兵英年右翼總兵載瀾會辦參領文瑞爲翼長

保拳民者紛紛天津僞報捷詔稱拳團努力禦敵衆志成城命載勛等統之賞米二萬石

六月命倉場侍郎劉恩溥至天津統集拳團
恩溥盛言拳民敢戰累敗夷兵故有是命恩溥至天津編
水會爲伍軍未成而津陷狼狽走通州

以王培佑爲順天府府尹
培佑故官給事中召見言拳術且曰臣舉家皆習義和拳
太后大喜不二月洊升府尹是時拳匪稱山東爲老團國
子監祭酒王懿榮者魯產也清正負鄉望因命統拳團焉

前戶部侍郎長麟請帶拳民當前敵允之
先是長麟間 太后於上曰 太后爲 文宗妾以 穆
宗論母后也以 皇上論父妾耳何畏爲 上大怒曰

太后生　穆宗不幸　穆宗早賓撫朕於旁支得承大統是朕母后天經地義也奴子敢間我母當何罪遂解任家居至是畏拳餤贊拳於　太后爲釋前怨用之

京畿拳匪盡掘西人墓湯若望南懷仁等　聖祖時用以治天文者其墓在中國皆被掘

提督聶士成戰聯軍八里臺死之

初士成剿拳匪落垡殺傷頗衆既而載漪主用拳黨拳黨詆士成爲二毛子拳民謂洋人曰大毛子教民曰二毛子辦洋務者曰三毛子　士成嗣守西沽力戰不勝王龍文約編修彭靑藜等誣劾之謂受各國銀八十萬賣西沽砲臺詔直督裕祿暗圖之士成益不自安嘗自泣曰我數十血戰不畏死今將負叛名死邪會聯軍攻

八里臺士成率數百騎趣之殺敵數百敵彈雨集士成腹中彈腸隨血出營官某請退士成曰我誓不生矣汝其行營官爲裹腹創據地督戰旋中炸彈血肉橫飛死營官宋占標同殉焉裨將馮義和胡殿甲收集士成營守蘆臺後爲德兵攻敗

以李鴻章爲直隸總督辭不赴鴻章奏云竊維中外搆釁自古有之而制馭之方要在審己量力擇而處之我朝自道光中葉以來外禍日滋漸成坐困馴至庚申之變入我京師燔我園淀乘輿北狩迫致升遐此固子孫萬世必報之仇薄海臣民所當泣血椎心臥薪嘗膽者也自是法攘越南蠶撤藩服日爭朝鮮喪師失地尤無理者德佔膠州灣俄佔旅順大連灣英索威海衛九龍並推廣上海租界內地商埠法索廣州灣侵入沿海之地百餘里種種要挾萬難忍受於此而不圖自强是謂無恥於此而不思報怨是謂無心臣受國家厚恩負天下責望豈不願大張撻伐振我皇威倘於衰邁之年親見四國來賓萬方歸服豈非此生之大

幸無如熟審衆寡之不敵細察强弱之異形宗社所關豈可投鼠卵石之敵豈待蓍龜試以近事言之紫竹林洋兵僅二三千人拳匪他軍實盈數萬以一敵十鏖戰旬日斃洋人僅數百殺華人已及二萬而兵火傷夷又以數萬計是兵與匪共戰寡弱之外人皆不敵矣又京城使館本非城郭使臣隨叅水兵本非勁旅拳匪及董軍攻之兼旬不克爲所殺傷又以數千計是兵與團合攻孱怯之外人亦不敵矣今各國之師連綜而至快槍毒砲紛載而來朝廷果有何軍堪以捍禦天下果有何將堪以折衝竊計子藥無多糧餉將竭若各國以十餘萬衆直撲都城固守不能播遷不得雖欲如木蘭之巡幸而無勝保阻遏之師雖欲如馬關之議和而無伊藤延接之使彼時拳匪四散朝右一空親賢誰倚樞輔無材此以皇太后皇上爲孤注之一擲耳思之寒心奚忍出口夫拳匪假借神靈妄言符咒誣民惑世本盛世所必誅漢有三五里霧而漢以亡宋有六甲神兵而宋以滅此蓋白蓮餘孽世宗憲皇帝先遏其萌仁宗睿皇帝終平其難累朝聖訓昭示子孫豈容以宵小之讕言棄祖宗之家法臣年屆八旬死亡無日沐四朝之豢養深恩若知而不言言又不切九泉之下何面目見列祖之靈乎用是瀝血敷陳伏祈皇太后皇上宸衷獨斷迅絀庸妄之臣立斬猖狂之妖孽知義和團是匪非民亟宜痛加剿洗知扶清滅洋乃假託名號不可姑息養癰立簡重臣先清內匪善遣駐使速送彼軍臣冒暑遄征已臨滬瀆屢奉敎促豈惜扶疾以行惟每讀詔書則國是未定認賊作子則人心未安而臣客寄江南手無一兵一旅即使奔命赴闕道途險阻徒爲亂臣賊子作菹醢之資是以小作盤桓預籌兵食兼覘敵志徐議排解仍俟佈置稍齊

即行星馳北上所有微臣密陳安危大計緣由理合恭摺由驛六百里密陳伏乞皇太后皇上聖鑒訓示

罷直隸布政使廷杰以廷雍代

太后召杰問拳民戰事杰極言拳民妖孽萬不可恃而雍奉拳謹且能殺保定教士遂罷杰以雍代之

聯軍陷天津直隸總督裕祿走北倉

聯軍大舉攻天津天津槍礮向儲三局（東南二局及武庫局）英將西摩爾奪徑往北京攻據武庫我師拒戰者多爲拳匪衝之潰東南局皆失利器盡喪聯軍畢至馬玉崑拒戰紫竹林敗績天津陷裕祿走北倉駐津英領事請分兵毀我東陵以報攻使館之怨且使頑固黨寒心電徵各國同意俄皇尼

略拉士曰中國頑固黨祇知身家祿位何恤陵寢毀陵徒結中國仇而傷光緒帝之心耳不如歸罪當權者照會令盡法懲治頑固黨庶有所顧忌英相沙烈士勃雷然之遂寢聯軍至津分城爲四隅美東南英西南日本東北及河北法西北俄河東立都統衙門暫理地方各事分八部一總理部二警察部三考驗身體部四戶部五辦理公私業產部六武備部七刑部八糧餉部編修嚴修郎中華承燕等籌欵賑濟民難稍稍紓天津自拳匪釁禍殺人縱火槍砲不絕平民幾無生路至是始安諺云六國會兵天津英二千俄四千美法各千餘德四百日將福島統二萬五千人稱盛後北倉陷敵不敢深入日將勸進乃分兩道攻我一自河西務趨馬頭一自武清趨黃莊會於通州

兩江總督劉坤一湖廣總督張之洞與各國訂互保約

拳亂猝起各國震動瓜分禍在旦夕而載漪矯詔令東南督撫盡毀各國商埠殺其商人教民坤一等不奉詔浼各

國領事介其政府力任保護東南和平各國亦須保中國治安英相沙烈士勃雷俄外部拉斯道夫韙之遂說各國訂東南互保約訂約保全東南各國領事姓名錄下總領事英霍必蘭葡華德師德克納貝法白藻泰美古納俄來覺福日本小田切萬壽之助領事奧畢士格義計細日馬德和汪禮那哈那克丹厲克斯密甫比德西尼是時我上海道余聯沅實左右之山陰湯壽潛亦叅其議

致國書日俄法德英美

上以釁端大開痛哭請於　太后曰亂民攻使館死傷接踵其技亦可見矣公法視使臣最重今我冒不韙犯衆怒兵民又不可恃各國興師問攻使館之罪我將何辭社稷滅亡無日矣乘今致書友邦開誠布公冀日或易轉圜太后允之乃令總署爲國書電致各國其致日本書最懇摯書云大淸國大皇帝問大日本

大皇帝好中國與貴國相依齒脣敦睦無嫌月前忽有使館書記被戕之事正深惋惜一面拿兇懲辦間而各國因民教仇殺致疑朝廷袒民疾教竟爾攻佔大沽砲台於是兵釁遂開大局益形紛擾因思中外大勢東西幷峙而東方祇我兩國支持其間彼爭雄西土虎視耽耽者其注意豈獨在中國哉萬一中國不存恐貴國亦難獨立彼此休戚相關亟應暫置微嫌共維全局現在中國籌兵禦匪應接不暇排難解紛不得不維貴國是賴爲此開誠布臆肫切致書惟望大皇帝設法籌維執牛耳以挽回時局並希惠示德音不勝翹企之至日本復書云大日本國大皇帝復大淸國大皇帝好杉山書記生被戕之事前已傳聞未得確耗可據頃接電始悉其事的確良深悲歎邇來北方團匪日益猖獗妄動亂舉無所不至現駐北京各國欽差及各署員等被其圍繞攻擊並聞某國使臣已被擊殺而貴國所派官兵不能救護使臣又不能彈壓匪徒殊不知公法有言外交官之身尊不可犯之理如於使臣之身稍加冒失已違公法況於殺害使臣乎當此貴國政府如果實力剿平匪徒救護現存各使臣則餘事自應易辦此乃大皇帝目下對中外之責斷不可躊躇自上月以來各國將大兵派往天津日本亦不能不調派兵員至該地此係專爲彈壓匪類救護使臣起見並無他意是以貴國政府如能趁早將各國使臣等救出圍繞之中則足見貴國政府不願與各國開釁之據自應減少貴國禍端日本政府與貴國政府素敦睦誼如有實爲緊要時日本亦不致辭其效勞因而貴國政府如迅速力爲彈壓以表救護實據則日後與各國商議之際日本自應從中出力擁護貴國利益也茲特具函電肅復惟大皇帝鑒之

俄皇請保遠東治平

使館被困各國調兵不及日本距華近派兵獨多俄恐日攘利權請於各國曰日本多派兵救援公使俄之願也惟入京後日本議和當與各國等不能私與中國立專約且陳宗旨四一入華辦事協力同心二不改革中國現時行政三凡涉瓜分中國政策悉去之四各國在中國代立一中央政府以平匪亂而保治安各國允之英相沙侯對議院宣言曰此次中國之事確係傳教所致雖教士並無過失但其所作爲中國政府及華民等難免深滋疑惑故我勸諸君以後傳教不必過於踴躍總以謹愼爲主此次善後事宜自當和平辦理若過於要索結怨愈深日後民教更難相安一也北方雖爛而不逾黃河以南東南疆吏皆以防內匪保外交爲宗旨各國旅居者故得保其身家財產是與西人仇者僅北方拳匪

故各國調兵皆以剿匪爲言若多方要挾報北方仇視之嫌忘南方保安之義何以昭示大信二也西人每謂中國爲通商之地非用武之地故亞東商務爭擅勝場經營口岸不遺餘力今兵力所致縱令妄殺更或用綠氣毒彈使民歸於盡數十載經營之商務一旦掃地後無轉機即任我交通而戶口凋殘振興何望揆諸通商本意不大謬乎三也總之國事通於家事譬東鄰之子問罪西鄰彼西鄰自知其罪而責其子弟東鄰之長即宜引咎服禮贖愆此天下公理也日廷亦宜言曰今日出師之舉宗旨有三一保護邦人二援助列國三拯救支那各國誠能守此宗旨別無要索敝國之願也各國水師提督遂照會各疆吏言此次用兵確係剿匪並無他意云云

以余虎恩爲喀什噶爾提督繼董福祥攻使館

虎恩爲將務尅扣多財賄營廣置姬妾恣淫慾而談兵侃侃娛耳榮祿薦之以爲喀什噶爾提督令在京新招募得十營董福祥攻使館逾月不能破遂遣虎恩繼攻之虎恩所募多亡命賊麟是時居順治門外大溝沿虎恩居香爐營頭條與之比鄰麟所居對門有小錢店一夕槍聲起錢店被刼次晨知爲虎恩兵所刼告之虎恩曰中國兵皆如是也

以李秉衡節制四鎮

秉衡喜排外有清望方視師長江徐桐薦之召入京或告秉衡曰君毋入入必及禍秉衡曰我亦知拳黨亂朝廷此舉大錯然君命召不可不行也且坐視君父危不赴尙可以爲人臣乎聞命卽行至京覲　太后　太后問曰方今釁端已開而言和戰者不決卿以爲孰愈秉衡曰事已至此戰亦亡不戰亦亡毋寧戰之猶壯也　太后大喜命督師節制張春發陳澤霖萬本華夏辛酉四軍秉衡徒手出都門就辛酉軍馬頭

七月殺吏侍部郞許景澄太常寺卿袁昶

景澄歷使各國深研交際袒於戊戌變政時上書言時事上嘉之自蕪湖道驟擢江寗布政使　太后訓政內調授太常卿學識皆爲時人稱道至是載漪主用拳匪景澄等累表諫之請剿亂黨保使臣載漪劾其通夷遂殺之婦孺觀者多涕下方行刑監斬侍郎徐承煜叱褫服景澄曰我輩未革職何褫爲袒曰我輩今日死矣聯軍不日進京汝殉難亦死爲外人戮亦死他日相見地下承煜曰此何地容爾置喙邪拳匪環刀怒視盡褫其服縛而殺之

殺村民於市

拳匪自以邪教惑民欲捕殺邪教掩人口乃搜城外村民

男婦百餘指爲白蓮教殺之菜市口血流成渠拳匪掠良民活埋於龍泉寺旁哭聲不絕謂之活人塚

令各省營規復舊

自外患日侵我各省練軍多用新操雖戊戌新政敗時詔止而仍有用者至是以洋操洋號不足恃令規復舊制

東三省拳匪大起俄增兵入遼滿

俄經營悉畢爾悉有高加索喀厚司之高原及土耳基斯坦加斯賓海東省西伯利亞五大部面積六百五十六萬餘方英里民人二千二百六十九萬國力漸漸南侵自中東之役俄人索還我遼東我國德之遣李鴻章如俄賀加

冕遂訂密約喀希尼許俄不冰良港鐵路亘滿州俄遂借旅順口鐵道自遼滿達旅復自阿斯丹達海參威沿途屯兵護守將盡收滿韓權利至是奉天副都統晉昌吉林將軍長順等希載漪旨引拳教入遼頃刻集數千團晉昌以奉天舊軍不可恃別募神武義和二軍凡萬餘人皆市井無賴長順以吉林兵單迎拳酋金法師練團法師言土團皆僞拳時折辱之長順奏稱拳民神勇伊通焚教堂有二小孩向空鼓掌頃刻火起其焚長春俄房屋閉弄燃一聲火自空發拳民蹈火不熱距民房數尺有紅線圍繞不致延燒云後法師激土團怒土團殺之二黨相爭莫能解

燬鐵嶺鐵路俄遂據西伯利亞兵大舉南進

俄兵渡黑龍江將軍壽山死之

俄悉兵南進先遣人言假道黑龍江麾兵保鐵路壽山欲拒之而畏力不敵累電詢奉天將軍增祺副都統晉昌晉

昌言俄人虎狼不可許不幸而戰奉黑脣齒當悉率兵以援壽山倚之遂約吉林將軍會攻哈爾濱六月十八日俄薄江陣我師邀擊半渡盡覆其軍實俄人大怒調重兵攻取愛琿驅沿岸居民數萬入牡丹江江水爲之不流乘勝攻興安城壽山長子陣歿大慟欲赴敵死委印信於副都統薩保不受俄已據墨爾根前進乃遣屬僚程德全詣俄營說成俄弁必欲入城見將軍使者導之至抵齊齊哈爾遇奉天援兵敗之遂入城將軍壽山聞俄兵至作書遺俄將請勿殺民手毒酒令其妻子飮妻子辭曰將軍長兒死戰事僅此一息祖宗不可無後壽山遂自飮不死命僕人

槍擊之不死復呼人槍擊其胸乃卒工部郎中王煥與壽山有舊以京官無展布走就壽山幕壽山文檄皆藉之至是聞壽山聽晉昌議絕俄力諫止不從乃辭歸作一書留勸壽山侃侃論說利害壽山惡其諷己縛於途下獄煥復自獄中致書辭語倍激壽山手批其頰流血滿面然後殺之

俄兵入吉林將軍長順迎降

長順初主拳議及俄兵進逼伯都納倉卒不知所爲幕客上二策曰降曰走長順曰走不及矣其降乎遂盡撤上姜鎭辣河嶺邊防開城迎俄兵鑄錢局有銀九百萬兩悉以輸之俄人遂據吉林盡收我降軍餉械

俄兵入奉天將軍增祺走義州副都統晉昌遁蒙古

俄兵據海城逼奉天將軍增祺主款副都統晉昌主戰議

不合時晉昌方督兵遼南聞增祺將還俄俘以軍交革員壽長星夜馳回奉天阻之壽長欲挑戰邀功大敗棄軍北走潰兵隨之沿途殺掠甚盜賊遂乘勢潰入省城盡焚官廨民舍文武官四出逃散教民引俄兵乘亂入始分軍救火據守軍械火藥二局擊殺亂兵增祺率司道走義州晉昌奉御容册寶欲自承德奔行在不達遂遁蒙古

俄盡略東三省地

俄兵分三路同時進取東路自琿春取寗古塔北自愛琿墨爾根取齊齊哈爾進據都伯訥取吉林南自牛莊海城遼陽取盛京既得盛京三軍會合分兵略旁近郡縣皆下

之

俄兵略地郡縣無敢當鋒者通化縣陳璋率數千人守城不去事平條上善後九事曰開鑛曰墾荒曰改營制曰整頓驛站曰久任知縣賢員曰收回官帖曰定局員額數曰收集潰勇曰收稅不用本地旗員紳士

增祺自與俄人定約

俄增兵滿洲過八萬增祺回省俄脅之遂與定約十二章

東三省權利皆爲俄人攘竊俄脅我燬炮台繳軍械禁止製造設俄官駐奉天如將軍制事皆關白而行以保鐵路爲名屯兵不退後爲駐俄使臣楊儒奏告士議大譁張之洞劉坤一陶模皆抗疏爭之日本甲午之役嘗佔遼滿俄人脅日還我嗣收爲己有日大恚遂有癸已之戰後日人勝俄滿洲利權移歸日本

聯軍陷北倉直隸總督裕祿死之

聯軍行保安政策於天津稍稍定直趣攻北倉宵行西繞寒鴉埠我兵方酣睡敵勝之大潰聯軍遂包北倉背宋慶

退保楊村馬玉崑拒戰敗績裕祿手槍自擊殉焉

以李鴻章爲全權大臣

北倉警至京師大震遙授鴻章全權以講停攻使館遣總署章京文瑞遺各使館西瓜命桂春陳夔龍送使臣出津各國使臣置不理

馬玉崑戰聯軍楊村敗績

玉崑自北倉退楊村聯軍趣攻之然巨礮轟擊玉崑拒死戰日本兵當先鋒死傷塞道相持三晝夜勢寡不支遂敗走後聯軍入京盛稱馬玉崑聶士成能戰且曰中國將皆如馬公聶公我輩不能入大沽一步矣或問宋慶如何曰老矣無能爲也

聯軍陷河西隖督師李秉衡死之

初秉衡倉猝視事就夏辛酉軍辛酉請退守張家灣秉衡不從且曰丈夫寗進死無退生尋聞張春發駐河西隝率辛酉就之未幾陳澤霖軍亦稍稍至河南布政使升允自西路詣秉衡問策秉衡令率所部出固安武清橫擊之馬玉崑自楊村敗還狼狽謁秉衡言敵鋒難犯狀秉衡曰軍法有進無退今雖殘破并數軍爲一倘不下三四萬人合力拒之猶可旦夕倘勤王兵來京師猶可全汝其努力玉崑自北路遁聯軍直撲河西隝途遇萬本華兵拒戰秉衡聞礮聲鏖辛酉軍助之相持一晝夜子藥竭盡不支聯軍圍數重尋解去春發澤霖兩軍新募自江南皆盜賊四處

刼掠大閧潰秉衡不能制走張家灣令參謀王廷相草遺表上之仰藥死廷相亦蹈水死秉衡遺表請誅張春發陳澤霖春發等賄政府解之遂褫秉衡之出京也以翰林院編修王廷相王龍文知府曾廉等爲幕賓參軍謀廷相龍文等皆力持戰議者龍文以忠義自負謂其同年友編修喩長霖曰我之出必身殉之君善文異日其爲我作墓志銘甫至秉衡軍楊村警至狼狽遁回京迨聯軍陷通州龍文遂携眷偕曾廉遁後京師陷六龍至西安或自北京奔赴行在遇龍文長安笑謂曰君尚存志韶墓志銘當燬矣志韶長霖字也

殺戶部尚書立山工部尚書徐用儀內閣學士聯元

立山等嘗爲總理衙門大臣拳匪謂其通夷駢戮之立山等之被殺天下寃之立山素好聲色有優人路三寶夙受立山寵顧及受刑優人以銅盤載其頭獻監斬侍郎徐承煜驗之已乃爲殮用儀被戮其子驚懸暴尸二日無敢殮者聯元受刑時其友楊仍蕃爲滌血以殮且伏尸大哭曰好官好官今受慘戮列祖列宗當鑒之聯元前任蕪湖道有廉能名仍蕃前爲安徽吏知之故云繼又欲令拳匪大搜京中士

夫家凡有時務書者皆殺之旋以城破而止

聯軍陷通州

通州陷拳匪易裝肆刼掠督辦團練侍郎劉恩溥伏民間懸白旗書大日本順民以免董福祥余虎恩等連日攻使館不破聞警皆股慄縱兵掠車輿遁沿途擄刼如洗京中拳匪皆去旗幟巾帶四散自是不見拳民隻影自大沽天津相繼陷累詔徵兵勤王外兵至者張春發武衛先鋒左翼十營陳澤霖武衛先鋒右翼十營總兵陳鳳樓淮南軍七營江甯巡撫鹿傳霖江南軍六營總兵夏辛酉嵩武軍六營陝西布政使升允陝軍八營甘肅布政使岑春煊甘肅軍六營其原駐京津者京城則榮祿武衛中軍二十營董福祥武衛後軍二十營余虎恩新募虎軍十營火器健銳共二十二營虎神神機各二萬人天津則聶士成武衛前軍二十五營宋慶武衛左軍二十五營馬玉崑新左軍二十營李安堂直隸練軍左翼五營董履高直隸練軍右翼五營何永盛保定

練軍五營總十九軍二百餘營山西巡撫毓賢自請赴難旣遣總兵萬本華統晉威新軍四營由居庸關入衞又自率一軍出井陘爲後援畿輔內外合計逾十萬人其實稍能拒敵者僅聶士成馬玉崑各軍自聶死馬敗後餘軍皆鼠竄勤王不足掠民有餘當時北方居民畏潰兵甚於畏洋兵云

下御醫姚寶生於獄

聯軍深入載漪恐　上復辟蹈不測令寶生進藥弑之寶生不從遂下獄欲殺之

聯軍陷京師　兩宮西幸珍妃殉之（珍妃上所鍾愛　太后惡之聞聯軍至令崔太監沈妃於井乃行）大學士徐桐承恩公葆初將軍延茂國子監祭酒熙元王懿榮翰林院侍講學士寶豐庶吉士宗室壽富御史宋承庠主事王鐵珊韓紹徽白慶等皆死之官民自盡自焚者相望（葆初崇綺子城破綺令爲坑葆初率全家自埋綺走保定圖規復壽富研求新政有志自強頑固黨多誹之至是爲絕命詩遺書責頑固黨合家自盡）聯軍

自廣渠朝陽入京師陷礮聲隆隆不絕素持拳議者猶曰此馬安良回子兵來勤王者　兩宮自西華門出西直門幸貫市

七月二十一日天未明報京城陷　太后着藍夏布衫　皇上着黑紗衫黑布戰裙皇后藍布衫倉皇出西直門大阿哥溥儁及瑾妃載漪載瀾載勳剛毅從上與載瀾同一車不食竟日民或獻麥豆以手掬之須臾而盡天寒求臥具不得村民進布被　上以帚當枕甘肅布政使岑春煊率師勤王令駐察哈爾春煊至昌平聞　兩宮西幸來覲始護　駕自懷來至山西北京故繁盛居人逾三百萬自拳匪暴軍刼盜疊乘坊市蕭條如墟隴及聯軍入京家家懸順民旗示降堂堂丞相之門白徽高掛向之書義和團神位於戶首者至是皆易六國民旗矣聯軍縱兵掠三日然後安民土匪乘機搶奪巨商富戶無一瓦全者

崇綺死於保定聯軍至保定執廷雍槍斃之

綺偕榮祿走保定聞聯軍尾之割衣書事不可爲以死報國八字自縊於蓮池書院榮祿走太原廷雍主拳匪聯軍至保定執而槍斃之

國立廣西[illegible]學圖書館

光緒大事彙鑑卷十一

全州趙炳麟柏巖著

八月慶王弈劻自宣化回京

京師陷慶王避宣化總署章京吏部員外郎英晉冒刀槍鋒鏑衣冠謁日本將謂曰貴國與敝國同峙亞洲猶兄弟也敝國不幸搆此大難滅亡無論矣自是歐馬蹂躪亞洲貴國獨當其衝能毋寒心乎倘貴國置微嫌說各國仍敦和好息兵安民保全大局敝國固感貴國仁列國亦欣貴國義所謂兄弟鬩於墻外禦其侮此貴國之責也日將壯之爲介各國派兵護英晉至宣化迎慶王回京議和遂與各國定停戰約一東三省暫作公地一天津暫作公地一各處通商口岸准西兵屯駐一交辦拳匪頭目

聯軍執戶部尚書軍機大臣督辦軍務大臣啟秀刑部左侍郎徐承煜下獄 京城陷主拳匪者半死半走秀以政府主拳議五月間門人駱成驤放貴州主考謁秀秀謂曰今日有大喜事爾於九月自黔回東交民巷洋人滅盡矣至是人勸秀奔行在或自盡秀皆不應承煜亦主用拳許景澄等之殺承煜有力焉其父桐自縊時令懸繩為二個已率承煜自盡承煜窺桐死自解繩下皆為聯軍執下順天府獄

設京師內外城保衛局

兩宮之西出也詔大學士榮祿崑岡等留京辦事榮祿懼及禍趨行在所崑岡方伏民間令其僕殺己其僕慰之而慶王適自宣化還遂與尚書敬信裕德等出詣聯軍帥分地任警察侍讀學士黃思永惲毓鼎副都御史曾廣鑾候選道賈景仁等受美提督戴麗生委立協巡公所五城地稍

稍復安 北京地方治安與聯軍共保各國分轄京地永定門以東北至東珠市口屬英永定門以西北至騾馬市屬美自正陽宣武崇文三門抵英美界屬德內城則四牌樓以北屬日四牌樓以東屬俄奧四牌樓以西屬法義津京鐵路西南至保定歸法東南至楊村歸英東北至山海關歸俄

聯軍帥瓦德西入京

聯軍之入京也日本爲先鋒英美俄法次之德意奧又次之德以殺使故派大兵來華令瓦德西統之八國公推瓦爲聯軍總帥至是始到京 列國合兵日本俄羅斯外英五千五百人法五千人德七千五百人美一千七百五十人義二千五百人奧二百五十人總二萬八千五百人推瓦德西爲總帥瓦挾蘇妓賽金花居儀鑾殿用乘輿出入後李鴻章謁瓦至西苑門步行入有勸以乘輿進者鴻章曰君雖出門猶是也因泣下瓦聞而感嘆尋儀鑾殿火瓦復居瀛台

大學士直隸總督全權大臣李鴻章至京

鴻章久辦外交各國皆重之至是自上海入京士民皆喜曰李相來矣吾輩其無患乎

兩宮至太原下詔罪己求直言免山西巡撫毓賢以錫良代毓賢諱爲諸官劾坐革職

命臣工奔赴行在諭云行在政務殷繁需人佐理除大學士榮祿徐桐崑岡尚書崇綺崇禮裕德敬信侍郎溥善阿克丹那桐府丞陳夔龍已先後派充留京辦事大臣外尚書徐會灃松桂左都御史吳廷芬侍郎溥顧李端遇曾廣漢溥良榮惠徐承煜內閣學士李琦陸寶忠左副都御史慶福通政使儒林正卿王福祥印啟宗人府府丞成章詹事李昭煒左庶子伊克坦通政司副使李應鑾少卿溥鋼貴昌德本范廣衡裴維侒翰林院侍讀學士秦綬章侍講學士熙瑛侍讀崇壽侍講檀璣國子監司業希廉周克寬欽天監正徐森監副桂山太醫院院判施國治白文壽均著留於本衙門照常辦事此外各部院卿寺堂官暨向有內廷差使各員此次未派留署者均著仍遵前旨遴選得力司員一併酌帶前來以便辦理各該衙門行在事務毋得遲延欽此

閏八月懲辦禍首端郡王載漪輔國公載瀾莊親王載勛怡親王溥靜貝勒載濂載瀅大學士剛毅刑部尚書趙舒翹左都御史英年皆以罪懲辦有差

兩宮駐蹕太原慶王奕劻等奏列國請辦禍首時載漪入政府長軍機各跪　上前執摺傳觀　上大怒曰爾時朕言亂民不可用使館不可攻兵端不可開爾等以朕言爲弁髦今九廟震驚二陵阽陷爾等其何辭諸臣皆叩首上曰趙舒翹尚無多言罪猶輕載漪兄弟一力主持傾危宗社罪極大命斬之　太后曰我母子出京時漪兄弟以車迎始保全西幸今反殺之邪遂命撤去一切差使交宗

人府議奕劻等所奏無載濂載瀅名　上曰載濂載瀅亦主張之遂並議處

聯軍及我師並剿拳匪

各國以京畿多拳匪派兵搜剿之通州良鄉被巨礮轟殲我朝派梅東益呂本元何永盛等剿匪於滄州河間獻縣景州諸處匪之黠者多爲敵人奴隸導之掠民荏弱受禍者所在皆是

創設東南救濟會

上虞商潘炳南者富而好義閔北都禍慨然曰外國有大兵事善人設紅十字會救之中國無此民多塗炭哀哉出

三千金立會救濟難民謀諸浙江布政使惲祖翼亦出貲助炳南自以商人望輕推郎中陸樹藩爲首肇金北渡盛宣懷爲鐵路大臣駐滬聞之嘆曰商人赴義且如此我輩能毋惻然遂徧告東南督撫郡縣捐資濟被難官民居者助以經費思歸者載之南旋設分局於天津官民保全無算北京救濟局事推楊文駿楊崇伊辦理楊二皆爲李鴻章幕客故推之侵蝕局款陵虐士民崇伊尤貪橫嘗在天津蝕船戶船銀戶辨之崇伊足踢船戶罵曰賤奴敢多言日本大佐巖崎護送官民出京見之嘆曰中國至是楊先生官體猶若此怪哉崇伊蝕款逾十萬官民奔小出京者無船渡徘徊海邊飡風宿露見者慘然

兩宮幸西安

聯軍以剿匪迎駕爲名將自張家口窺晉　兩宮遂幸西

安各國君主請 上回北京議和尤易李鴻章奕劻崑岡劉坤一張之洞及各督撫各臺省皆籲請回鑾坤一之洞等疏云爲偏安必不可成京師必不可棄籲懇降旨明示以定人心而安大局恭摺具陳仰祈聖鑒事竊自拳匪肇亂搆釁列邦京師相繼失陷遼東亦多失守以致宗社震動乘輿播遷薄海臣民皇皇失措莫不謂拳匪釀禍貽誤國家疾首痛心同切憂懼迨叠奉明詔車駕暫幸太原議及親貴仰見我皇太后皇上昔者之苦衷今者之明晰雖外人尙未滿意有待調停而天下士庶莫不欽仰感動鼓舞歡欣方冀畿輔廓清指日回鑾上慰九廟在天之靈下遂億兆蒼生之望日昨恭讀電傳本月初六日諭旨現定閏八月初八日啟鑾西幸長安等因欽此臣等私憂過慮誠有不得不具陳於我皇太后皇上之前者伏查自古國家多難之時亦有遷都之舉然必須敵不能懸軍深入即深入亦不能持久我始能立國圖存今日聯軍謀堅勢衆實與古來不同況陝西自宋元明至同治以來屢次兵火商稀民瘠古稱天府今非雄都又與新疆甘肅爲鄰新疆偪近强俄甘肅尤爲回藪內訌外侮在在可虞較之京師素云完善即就目下言之各國方以新勝之師謀合圖進我能往彼亦能往不畏數千里之海豈畏數千里之陸恐山川之險未可憑恃即偏安之局不可幸成且京師根本重地四方所拱極而朝宗者也宗廟宮闕列祖列宗之神靈所憑式者也二百餘年基業固矣一旦棄之不特失臣民之望亦非聖心之所安前聞各國會請退兵回鑾不估土地無論所請果否出於至誠正可藉回鑾之說以速其撤兵之議倘西幸愈遠拂各國之請阻就欵之忱萬一激變宗旨洋兵不撤京畿從此淪胥矣遼東不復陵寢從

此鼎革矣一國變計各國爭先而沿江沿海處處侵佔內而奸究生心紛紛擾亂瓜分
之勢成糜爛之禍亟矣人心愈搖餉源愈竭運道愈梗而朝廷徒局促偏安爲閉關自
守之計夫以偏僻彫弊之秦隴供萬乘百官之資糧久將不給以屢次挫失之弱兵抗
合縱連橫之强國勢必難支存亡關鍵實在於此臣等萬死奚足補救伏乞皇太后皇
上追念列祖列宗創垂之艱難俯念滿洲八旗生齒之蕃衍外順各國迎駕之請內慰
臣庶戀闕之心擬請睿裁收回幸陝成命倘若乘輿已發駐陝伊邇勢難折回亦乞明
降諭旨以告天下具言此次幸陝亦係暫計俟畿輔稍定即行回鑾並簡派王大臣致
祭宗廟恭謁諸陵示天下以朝廷不忘宗廟陵寢之重斷無終不回鑾之理一面飭令
全權大臣婉告各國使臣果眞退兵示以必返庶足定人心而安大局臣等愚慮所及
不敢不昧死瀝陳謹合詞電由陝撫臣端方繕摺具奏伏乞皇太后皇上聖鑒訓示又
片云再臣等正會商電奏間續奉本月初八日諭旨太原荒歉供億維難且電報不通
輾轉延誤不得已西幸長安等因欽此仰見天心仁愛體念民艱並以時局急迫深慮
要件或有遲誤故爲此權宜不得已之舉是長安駐蹕可暫不可久已在聖明洞鑒之
中顧臣等鰓鰓過慮者則以宗社爲重深恐各國以京城爲言變其宗旨分佔要地停
戰無日開議無期大局不可收拾仍懇俯如臣等所請速即明降諭旨以慰臣庶之心
以遂各國之望謹附片具陳又片云再接使俄大臣楊儒電述外部之語曰勢必大舉
西向恐未成咸陽之宮又將稅蘭州之駕等語臣等聞各國議論大率皆同今日幸陝
之舉議者必以奏中遠隔海口有黃河潼關之阻限其險隘可守敵來較難拒敵較易

不知古今兵事實有不同八國環攻與一國搆兵又不同今日戰鬬須憑槍力守禦須憑砲力潼關同州等處之黃河僅寬四五里愈上愈狹外國陸路行營快炮七生的口徑者及八九生的口徑用馬拖運者可擊七八里新式長田鷄炮可隔山遙擊七八里中國皆無知僅憑土炮小洋炮豈能守河守關各省槍少彈缺自造無多假使洋兵深入中原運道必然梗阻不過數戰彈子即罄雖有忠義軍民徒手亦難擊敵蓋一國則深入難八國則接濟易此陝省拒敵之難也又查外洋通例凡係有和約之國必駐公使若其國不能爲公使駐者即不視爲與國一立和約即使遷都陝西各國肯允亦必各遣公使來陝駐紮經此次變故以後使館必派洋兵保守距海愈遠洋兵愈多且山西河南直隸一路必至於節節皆駐重兵是無論遷都何處必有使館洋兵徒使中原數千里皆爲洋兵盤踞此陝省遷都之難也總之遷都之計全在平日經營若戰敗以後敵人必不許我矣守險遠海亦拒敵人之一策若海口既已屬人內地素無守具則險者失其險矣各省併力各省紛擾彼有接濟之便我無持久之力腹背受敵跋前疐後則遠者失其遠矣此須俟事定以後從容籌之遇一國生釁之時必先結援數國移蹕陪都軍械充足砲臺周密再行開戰然非所論此時也以上各情恐議者或未詳考臣愚見所及不得不據實上陳以備朝廷裁奪合詞附片奏陳奉上諭劉坤一等合詞籲懇事定回鑾先行宣示各摺片覽奏均悉此時拳教紛爭勦撫兩難以致釁起鄰邦震驚宮闕朕恭奉慈輿於槍林彈雨之中倉皇西幸中途跋涉蒙塵艱苦萬狀有爲該督等所不忍聞者朕馭下無方業經引咎自責并將辦理不善之王大臣分別重懲原

期和議速定早日回鑾以安宗社而定人心詎有甘就偏安輕棄京師之理現在奕劻李鴻章在京與各國使臣尚未開議洋兵在京分段據守即來往官民亦難自便若遽議回鑾試問如何景象但使各國與中國眞心和好不奪我自主之權弗強以所必不能行之事一有成議自當即日降旨定期回鑾至目前巡幸西安原係暫行駐蹕前降諭旨已甚明晰凡此不得已之苦衷當爲天下臣民所共諒詎該督等老成謀國尙未能體諒及此耶此中機括朕籌之已熟該督等惟有謹守封疆接濟行在朕實有厚望焉將此由六百里諭令奕劻李鴻章綽合布壽蔭常恩善聯劉坤一張之洞許應騤魏光燾德壽于蔭霖俞廉三袁世凱劉樹棠王之春聶緝槼盛宣懷知之欽此

奕劻李鴻章等與各國開議

各國以八條相索一賠款四百兆兩分年歸款以六十年爲限二釐金關稅均歸西人管理三皇上須即回北京俟皇上回京後西人所占地即行退出四端王須永遠監禁五准西人於京中屯兵二千六天津永作公地七無論何處任令西人通商八中國不得購外國軍火

九月甘肅提督董福祥以罪革職仍留營辦事己革巡撫毓賢以罪戍邊

各國交和約總綱於我全權大臣奕劻李鴻章

各國以拳匪之變違悖公法由各國外部公商定和約總綱十二各君主允行遂由各公使交我全權大臣奕劻李鴻章奏行之　各國照會云本年五六七八等月即光緒二十六年四五六七等月在中國北方省分釀成重大禍亂致成窮凶極惡之罪實爲史冊所未見之事殊悖萬國公法並與仁義敎化之道均相抵牾茲將其情節尤重者開列於左一西歷六月二十日即中歷五月念四日大德國駐紮中華便宜行事大臣男爵克林德前赴總署之時被奉令官兵戕害二同日京師各使館被軍兵與義和團匪勾通遵奉內廷諭旨圍困攻擊直至西歷八月十四日即中歷七月二十日聯軍救至方止而彼時中國國家乃令使臣向各國政府宣傳允承保全使館之責三西歷六月十一日即中歷五月十五日大日本國使館書記生杉山彬奉差公出被官兵在城門曲殺又客居都中及各省之諸國人民均被拳匪官兵慘加戕害淩虐或被圍攻僅賴極力抵禦力獲保全而其他各項房舍無不毒遭焚刼四各國墳塋之被汙毒在京者爲最甚至墳塋被掘骸骨殘暴因以上各節遂至各國爲保衛各本國使臣以及人民性命並撥定變亂起見遣派軍隊前來乃當此各國聯軍赴京之時遇中國軍隊抵敵

祇得奮勇擊敗而中國既自表明悔過認責並願挽回因此事變所生情勢於是諸大國公定允如所請但由各國酌擬懲前毖後必須定而不移之要款施行今將各款臚列於左第一款原任德國克大臣被害一事欽派親王專使前赴德國代表中國皇帝國家慚悔之意過害處所樹立銘誌之碑與克大臣品級相配用辣丁德華各文列敘中國皇帝惋惜此等凶事之旨第二款西歷九月二十五日即中歷閏月初二日上諭及內日後各國駐京太臣指出之人等皆須照應得之罪分別輕重盡法嚴懲以蔽其辜諸國人民被害凌虐城鎮五年內概不得舉行文武各等考試第三款因日本使館書記生杉山彬被害中國國家必須用優榮之典以復日本政府第四款中國國家須在各國墳塋曾遭汙毒發掘之處建立銘碑以昭滌垢雪悔之意第五款運進中國之軍火暨專為製造各種軍火之各種器料照諸國後定之則仍不准運入中國第六款凡有各國各會各人等以及為他國執事之中國人民因近來各事身家財產所受公私各虧中國均認公平賠補中國國家須籌定各國所能允從之理財辦法以為躭保如何賠補以上所開虧損以及如何措還之地第七款各國應分自主常駐兵隊保衛使館並將使館所在境界自行防守中國人民概不准界內居住第八款京師至海道須留出來往暢行通道所以有碍之大沽口砲臺一律削平第九款為京師至海道暢通不使有斷絕之處由諸國應分自主酌定數處備兵駐守第十款中國國家務須在屬廳州縣將聲明上開兩端之諭旨張貼兩年俾衆周知永禁軍民人等仇視各國各會違者問死至開列各犯所定罪名及殺害凌虐各國人之城鎮停止各項考試亦在

此例中國皇帝務須諭旨一道通行布告以各省督撫文武大吏及有司官於所屬境內皆有保衛平安之責如復肇傷害他國人民之亂再有違約之行必須立時彈壓懲辦否則該管官員即行革職永不敘用亦不得借端開脫別給獎敘第十款凡通商行船各約以及關乎通商各地事宜各國以修改爲有益者中國認與商議更改第十二欵總理各國事務衙門必須革故更新及諸國欽差大臣覲見中國皇帝禮節亦應一律更改其如何變通之處由諸國酌定中國照允施行以上各欵若非中國國家允從足適各國之意各本大臣難許有撤退京畿一帶駐紮兵隊之望德國穆奧國齊比國姚日國葛美國康法國畢英國薩義國薩日本國西荷國克俄國格西歷一千九百年十二月二十二日押

十月工部主事夏震武請殺大學士王文韶

震武頗負學望赴行在上書言和不便文韶夙持和議震武請斬之得旨嚴飭震武自言至北京見李鴻章參和議可爭回利權詔許之而震武又引洪嘉與許珏同往自以

專使相待朝廷始識其妄追回前命　洪嘉與江西人官吏部主政平日恨洋務持論多與拳黨相似是時亦上書行在牢迂謬不可行而頑固黨爭交之嘉與議論橫生動竊罵座時人謂之洪瘋子云許玨官候補道曾出外洋諳交際法

十二月嚴辦禍首載漪載瀾論戍新疆載勳賜死陝西毓賢伏誅蘭州趙舒翹英年監禁陝西剛毅病死因奪革原官　各國以辦禍首太輕故有是詔

追恤戶部尚書立山兵部尚書徐用儀吏部左侍郎許景澄內閣學士聯元太常寺卿袁昶　五臣前爲拳黨冤殺李鴻章奏辦之始追復原官議恤

二十七年辛丑正月　兩宮在西安

啟秀徐承煜伏誅北京趙舒翹英年賜死陝西　各國欲嚴辦禍首載漪載瀾等以分屬懿親太后庇之鴻章等恐和局決裂磋商再四始殺疏遠者以謝各國各國請太后歸政凡事須直達皇上張之洞等浼英俄轉圜議遂寢

始詔採新法

自戊戌新政蹶敗稍談時務者禍不旋踵頑固黨勢大張羣相率以新黨爲戒凡戊戌以前詔行者皆爲推翻至是各國皆言中國不變法不能自存弈劻鴻章累奏之始令採行新政嗣後劉坤一張之洞上變法三奏督撫臺省紛紛言變法綱目稍具而朝廷精神不屬蓋以是爲對付外人之策上多嫌疑下懷顧忌終議論多而成功少風俗薾然不振

釋沈鵬陳鼎吳式釗於獄 鵬在獄中聞京城破痛哭欲自盡獄吏苦救之乃免嘗爲詩云回首長安感慨多宸躬消息近如何半年縲絏思金闕一夕煙塵渡玉河算我無能空嘆息逢人多淚自滂沱聖朝恩澤知無限應有遺臣夜枕戈式釗被釋後挾貲入京聯絡內監賣殺其密黨沈蓋以結璫歡中旨賞式

釗主事式釗開福公司引美商福開森佔我內地鑛利鵬方被譴英教士欲庇之爲鵬嫚罵而止兩人品行判若天淵云

二月德法兵入靈壽知縣成肇麐殉之

自聯軍入犯直隸州縣所在殘破至則牧令供牛羊芻藁民間懸順民旗避之聯軍役我民爲賤工呼曰苦力稍拂意則鞭撲之若馭牛馬至是德法兵自正定西進抵靈壽大索供給知縣成肇麐義不自安爲絕命詩投井死絕命詩有云屈已全民命捐軀表素懷

德法兵至五臺忻州

德兵自正定進兵過井陘故關直驅入山西五臺忻州一帶以迎駕剿匪保教爲名山陝皆震山西巡撫岑春煊遣

道員沈敦和禮犒之說毋深入弈劻李鴻章力言於聯軍帥始止勿深入是時敵據京城分兵四出北由昌平出居庸關直抵張家口東守榆關西距保定正定下兵獲鹿過井陘南由河間下大名歷經青縣肅寧祁州新樂行唐東光等地聲言進逼河南斷南北餉道 太后大懼詔曹元祥以兵三千扼潼關程文炳守彰德余朝貴守衛輝議者以裕長引虎自衛不可恃移于蔭霖代爲河南巡撫而令固原提督鄧增陝安鎮總兵姚文廣各率所部 同任

弈劻李鴻章與各國定通約

弈劻李鴻章等內受朝旨駁詰外爲各國恫喝請於各國曰此次變出非常應議者國非一國事非一事請先定通約其各國分約待後詳議各國允之遂定約十二章一派醇親王使德代表朝廷惋惜克大臣之意並於遇害處建立碑坊二首禍諸臣及外省獲咎官員照所定罪名懲辦拳匪滋事各城鎮概停考試五年三日本書記生被害派戸部侍郎

那桐爲專使謝過四給銀二百萬兩爲各國墳塋建立雪侮滌垢之碑五軍火禁止進口二年六賠欵四百五十兆兩限三十九年分還以四釐行息海關抵前債賸餘及新增切實値百抽五各稅賠償不足並以常關鹽課予之七拓充使館地界盡去界內居民一切防守由各國自便常留兵隊保護八由京師至海道各砲臺一律剷平九黃村郞坊楊村天津軍糧城唐沽蘆臺唐山灤州昌黎秦皇島山海關等處許各國駐兵守以保京師至海通道十各省督撫大吏暨有司各官於所屬境內保護不力者革職永不敘用民人有倡會與各國仇敵者斬頒嚴旨布告各府廳州縣十一改修北河河道由諸國董理中國派員會辦每年付銀六百萬兩黃浦設局修理該局經費預估二十年每年用銀四十六萬兩半歸中國半歸洋商十二改總理各國事務衙門爲外務部和議成償銀並子母計過九百兆兩而外人復以磅價難我愈爲所窘括小民膏腴不足以抵償之自是四海困窮矣

復舉經濟特科

戊戌欲開風氣詔舉經濟特科分門考驗尋新政敗罷之

至是復詔保薦令試策論俟迴鑾後舉行後保薦盈三百人稍有識者辭不就且曰經濟

者必於實政實事見之今泛泛試策論是欺人也尋於癸卯會試後考閱卷者惟取篇幅長而小楷工媚者即此一端亦可代表庚子以後之新政矣

三月懲辦東三省京畿直隸山東山西浙江湖南江西河南西藏庇拳仇教人員

上諭云上年拳匪肇亂京畿一帶多被擾害以致各省人心煽動焚毀教堂傷害教士教民之案層見迭出朝廷屢降諭旨飭令妥爲保護乃地方官奉行不力致釀事端自應分別情罪重輕予以懲處山西歸綏道鄭文欽浙江衢州城守營都司周之德山西前陽曲縣知縣白昶均著斬立決直隸灤平縣知縣文星著李鴻章查明如有戕害教士實據即著斬立決塔拉特王著革爵查辦阿拉善王中喀爾王均著傳旨申斥已故直隸總督裕祿駐藏辦事大臣慶善均著追奪官職浙江巡撫劉樹棠著革職永不敘用飭令回籍布政使榮銓盛京副都統晉昌黑龍江副都統鳳祥巴彥蘇統領鄂英均著發往極邊充當苦差浙江衢州鎮總兵喻俊明金衢嚴道鮑祖齡湖南省衡永郴桂道隆文山西汾州府知府徐繼儒署歸化城同知郭之樞隰州知州崔澄寰忻州知州徐桂芳和林格爾通判毛世黼托爾托城通判樊慶恩曲沃縣知縣王廷英河津縣知縣王廷光大甯縣知縣曹季鳳壽陽縣知縣秦錫圭太谷縣知縣胡德修孝義縣知縣姚學康甯遠州司獄李鳴和太原城守營都司石鳳岐均著革職發往極邊永不釋回倉場侍郎長萃呼蘭城副都統倭克金泰直隸大名鎮總兵王連三景州知州洪壽彭大名縣苗玉珂元城縣知縣

張炳喆平樂縣知縣恭寅河南署南陽鎮總兵尹嘉賓鄭州知州湯世懿浙江衢州府洪思亮湖南衡州府知府裕慶清泉縣知縣鄭炳山西歸化城副都統奎成澤州府知府陶家騶潞城縣知縣程璧高平縣知縣于岱霖長子縣知縣恩順山東恩縣知縣屠乃勛江西按察使陳澤霖南豐縣知縣鄭家猷南城縣知縣翁寶仁均著革職永不敘用河北道岑春榮著即革職河南縣丞李若仙即李承瀛著即斥革其餘應查情形及姓名各員俟各該省督撫察覆到日再行分別輕重辦理欽此

再辦各省仇教官

各國以前辦仇教人員失之過輕請從重問罪復諭云前因盛京副都統晉昌巴彥蘇統領鄂英湖南衡永郴桂道隆文浙江金衢嚴道鮑祖齡山西汾州府知府徐繼孺忻州知州徐桂芬署歸化城同知郭之樞和林格爾通判毛世黼托克托城通判樊恩慶寧遠州司獄李鳴和等縱匪仇教致釀事端降旨將晉昌鄂英等發往極邊充當苦差隆文發往極邊永不釋回該員等獲咎甚重本應按律擬斬監候既經朝廷加恩貸其一死改發極邊已屬從輕辦理著刑部查催迅速定地發配毋任延宕至浙江巡撫劉樹堂已革職永不敘用飭令回籍仍著交地方官管束以示懲儆欽此

四月詔改總理各國事務衙門曰外務部

自同治以來交涉事日多派王大臣爲總理閣部司員爲

章京皆兼差無專官至是納弈劻李鴻章奏改爲外務部班在六部上設管部尚書左右侍郎左右丞左右參議等官分四司曰和會曰考工曰榷算曰庶務置郎中員外主事如六部制

七月宣諭回鑾

和約定聯軍漸漸退臣工請廻鑾者盈千百陝西奇旱之後地方凋敝　太后亦不樂處召敬信至行在問之信言北京安謐廻鑾宜速　太后復命副總管太監回京視之覆言宮中陳設皆固守未移動　太后有一珍珠衫萃珍寶而成者西狩倉猝未帶太監攜行在呈　太后視之

太后廻鑾意遂決初定七月十九日啟蹕後以大雨路圮泥淖行不便改八月二十四日啟蹕

復辦各省仇教官上諭云上年拳匪肇亂京畿一帶多被擾害以致各省人心煽動焚燬教堂傷害教士教民之案層見迭出朝廷屢降諭旨勒令妥爲保護乃地方官奉行不力致釀事端業經擇要先行懲辦五十六員在案茲據奕劻等具奏請將情罪較重十員及查明更正各員再行宣示并將全案議結續懲各員一併開單呈覽前來盛京副都統晉昌巴彥蘇統領鄂英湖南衡永郴桂道隆文浙江金衢嚴道鮑祖齡山西汾州府知府徐繼孺忻州知州徐桂芬署歸化城同知郭之樞和林格爾通判毛世黼署托克托城通判李恕署寧遠州通判沈榮綬均著定爲斬監候罪名貸其一死發往極邊充軍永不釋回樊恩慶李鳴和查明實係錯誤即更正以李恕沈榮綬抵罪直隸武邑縣知縣侯查明後仍定爲斬監候罪名發往極邊充軍永不釋回山西歸綏道鄭文欽業經正法浙江衢州城營都司周之德山西陽曲縣知縣白昶均著斬立決尚在脫逃仍飭嚴拿正法浙江衢州鎭總兵喩俊明山西隰州知州崔澄寰曲沃縣知縣王廷相孝義縣知縣姚學康壽陽縣知縣秦錫圭均著革職發往極邊永不釋回黑龍江副都統鳳祥業經發往極邊著加永不釋回浙江布政使榮銓著革職發往極邊直隸灤平縣文星著改爲革職發往極邊永不釋回浙江巡撫劉樹棠著革

職永不敘用飭令回籍仍交地方官管束倉場侍郎長萃呼蘭城副都統倭克津泰直隸大名鎮總兵王連三景州知州洪壽彭元城縣知縣王錫陽南榮縣知縣鞏英河南署南陽鎮總兵尹嘉賓鄭州知州湯似慈浙江衢州府知府洪思亮湖南衡州府知府裕慶清泉縣知縣鄭炳山西歸化城副都統奎成澤州府知府陶家騶潞城縣知縣壁瑝高平縣知縣于岱霖山東恩縣知縣秦應逵夏津縣知縣屠乃勛江西按察使陳澤霖南豐縣知縣鄧嘉猷南城縣知縣翁寶仁均著革職永不敘用河南河北道岑春榮武安縣知縣陳世偉江西吉南贛道涂春年山西臨縣知縣孔繁昌四川名山縣知縣盧鼎智均著革職河南南陽縣知縣袁福齡業經革職應毋庸議縣丞李若仙即李承瀛著即斥革已故直隸總督裕祿駐藏大臣慶善均著追奪官職直隸清苑縣知縣張丙喆業經革職著加永不敘用大名縣知縣苗玉珂著改為革職留任山西太原城守營石鳳岐著改為革職永不敘用長子縣知縣恩順著改為革職塔拉特王著革爵查辦阿拉善王中額爾王均已傳旨申飭山西太谷縣知縣胡德修河津縣知縣黃廷光均查未在任大寧縣曹季鳳情有可原均著免議又續議懲處開單各員奉天鬫長常志德著發往極邊永不釋回署山西大同鎮總兵楊鴻禮太原縣知縣何宗遜署寧鄉縣知縣郝振鑾代理岳陽縣知縣劉黎輝署榆次縣知縣呂繼純太原武官馬得勝四川印州知州李常霈直隸望都縣知縣嚴培烈河南西華縣知縣林廷賡周家口通判汪垣均著即行革職永不敘用陝西都司郝殿魁徐大田劉輔軍把總楊緒林武弁張金聲浙江舉人鄭永僖貢生鄭鍔從九銜羅道樊江西進士黃熙祖舉人謝甘棠廩生鄔

翰林湘臣林茂修盧明牛梁飛鵬張文蘭武舉畢炳耀監生梅素清武生李太和畢寅蕭廷傑畢步鰲着一併斥革直隸王孝村紳士左洛苓已革貴州武員羅芳林均著監禁四川建昌道王季寅雅州府知府李念慈署雅州府知府王之同均著革職留任贛南鎮總兵何明亮清江縣知縣石守謙上高縣知縣文聚奎河南涉縣知縣車均四川敘州府知府文煥宜賓縣知縣王殿甲灌縣知縣王瑚雙流縣知縣龔寶琨均著撤任江西吉安府知府許道培浮梁縣知縣任玉森均經撤任無庸再議衛輝府知府曾培祺著撤任改發他省差遣廣西思恩府知府張濟輝龍泉縣知縣孫繼文四川崇慶州知州陳兆棠崇甯縣知縣陳鼎勳南部縣知縣袁用斌大足縣知縣趙綏之均著開缺雒省郫縣知縣黃樹勳溫江縣知縣周慶王均着停委兩年奉天遼陽州知州陳衍庶着改爲革職留任河南南陽府知府傅鳳颺及蒙古十一員均俟查明再行辦理又山西太原府知府當時實係曾樹椿并非許涵度應改爲曾樹椿俟查明再予懲處許涵度應即免議該部知道并將此通諭一體周知欽此

各國交還京城

先是和約已定俄國首倡退兵各國亦以次退惟各留兵三百代守上至是聞　皇上廻鑾定期始全退撤交還京

城我步軍統領五城御史順天府尹始有治土之實權
八月兩宮自西安啟蹕廻鑾
十月兩宮在太原廢黜大阿哥溥儁
詔以載漪召匪致兵震驚廟社得罪列祖列宗其子不應
承統廢之自是載漪載瀾溥儁董福祥皆安置西方西方
距海遠民風固陋外人蹤跡罕至地方數千里他日收稅
養士馬猶可一借故　太后以處漪等冀有所發達
十一月兩宮還京師

光緒大事彙鑑拳匪之變正誤表

冊別	頁數	行數	字數	誤	正
卷十一	四	六	排理二字下	楊二	二楊
	五	十八	必以二字下	奏	秦
	七	六	上諭及三字下	內	衍文

光緒大事彙鑑卷十二

全州趙炳麟柏巖著

嗚呼光緒朝制度之泯棼其在豫備立憲時乎使有英主當陽而出以誠心行以毅力亦未始不可塞一時輿論也乃是時　德宗病弱梟雄伺側愈言立憲愈構猜忌朝野上下皆循虛文幾無一實政可紀吾敢曰戊戌可議立憲至光緒末年而議立憲是速亡也述立憲大略

立憲大略

三十一年乙巳命鎭國公載澤總督端方等至各國考查憲政各國政體有立憲帝國英吉利德意志日本等國是也有立憲王國比利時意大利丹麥荷蘭等國是也有立憲共

和國法蘭西美利堅墨西哥智利等國是也大抵皆以元首一人專制其權無所限故定憲法立議院由人民選舉代議士一以制政府之用權使不浪施一以監政府之用財使不浪費無論君主民主及君民共主立憲專制之分在有議院無議院與議院有權無權別之而已中國外債纍纍人民稅務較康熙乾隆時稍稍加重留學外洋習法政者回國各取其講義上之憲法欲試於中國日各國皆立憲雖以俄羅斯土耳其之專制迫於時勢亦不能不訂定憲章召集議院葡萄牙且以五十日之革命竟一變王國爲民國民氣之可用抑亦可畏中國惟立憲方可救亡

雲貴總督丁振鐸適奏請考定憲法留日學生爲丁代撰疏稾也當是時日俄戰事方停議和於華盛頓中國欲派大臣參預和議冀保東三省主權恐日俄不許故以考查憲政爲名派載澤端方李盛鐸紹昌尙其亨五大臣赴各國後日俄果不允中國預議考查憲政遂實見施行矣

載澤端方等啟行遇炸彈於北京車站

粵人孫文在海外提倡革命謂非推倒君主另建共和民國政治終不能刷新立興中會徒黨頗衆尋湘人黃興至日本緣孫文革命之說立同盟會留學青年多附之機關遍各行省載澤等考查政治之命下主革命者恐君主立

憲制度確定無以施其黨之民主政策有吳樾者安徽桐城人古文家吳摯甫之猶子也寓北京桐城館暫入興中會以箱藏炸彈詗載澤端方等啟行謀炸於火車載澤等未至炸彈遽發吳樾斃命載澤等次日行

三十二年丙午左都御史陸寶忠劾尙其亨

其亨本紈袴子嗜聲伎與載澤端方等至上海約隨員等宴於妓寮大醉失去國書寶忠劾曰考查政治何等重大乃其亨甫出國門恣情妓館酕醄大醉遺失國書傳諸外邦永爲笑柄辱國實甚請旨撤革另派摺上留中載澤端方等泛洋分赴日本英美德意各國會同駐外欽使譯政

治書以歸

載澤等回京端方留津與直隸總督袁世凱會議政治

端方自外洋回國寓天津北洋大臣署與袁世凱商議改政世凱主張先組責任內閣俟政權統歸內閣再酌量開國會令幕賓張一麐金邦平爲疏使端方回京上之

端方回京上各國政治書並獻奇獸

端方上各國政治書凡百本召見時力言官制不可不變並獻在德國印度購來獅象虎豹立萬牲園學部尙書張百熙亦疏請速頒立憲諭旨以固國本

下詔預備立憲並設政治館

七月十三日明諭天下預備立憲詔曰大權統於朝廷庶政公諸輿論蓋襲日本立憲時故語也設政治館專司變制以慶王奕劻載澤端方袁世凱張百熙督館事立法起草皆委諸館員金邦平汪榮寶曹汝霖章宗祥等悉世凱謀士（政治館後改憲政編查館）所編官制大權集於內閣奕劻將以世凱爲內閣總理也

北洋大臣直隸總督袁世凱入京議組內閣尋出京

世凱因戊戌之變與上有隙慮上一旦復權禍生不測冀以內閣代君主已可總攬大權自爲帝制入京堅持之王公尙侍望風而靡御史趙炳麟曰立憲精神全在議院今

不籌召集議院徒將君主大權移諸內閣此何心哉連疏論之

疏曰凡君主立憲國其君有統一之大權一切關於政治之事不經君主裁正不能施行而君主所以鞏固其權力者在有下議院以監督行政諸臣故政府權雖重而軍政財政議院不承認政府無從逞其強權雖有梟雄不敢上陵君而下虐民者羣策羣力有以制之今議者雖云採君主立憲制度然其辦法臣猶有未曉者民智未開下議院一時不能成立則無以爲行政之監督一切大權皆授諸二三大臣之手內而各部外而各省皆二三大臣之黨羽布置要區臣亦知本朝厚澤深仁爲大臣者自有天良或無異志然行之日久內外知有二三大臣不知有天子雖謂二三大臣之進退操於君主而黨羽既成根柢深固天子號令不出一城雖欲進退之烏從下手是流弊必至陵君且也郡縣貪暴民受其虐今已甚矣而議者猶欲重郡縣權台諫之職罷疾苦既無由上聞監司之官裁寃抑又無由上訴雖有高等裁判將以制守令之不平然郡縣有離省數千里離京數萬里者鐵軌不通輪舟不到欲其案之達於省中京中無論貧弱者之必不能達也即有力者能達矣而其人之死於監獄白骨已朽其家之耗於官府黃金亦盡況郡縣全歸奏任任守令者非外政府之親朋即內政府之賊黨也專摺直達君主者外僅一總督內僅數大臣民雖欲赴君門而訴之何從上達耶貪酷橫行暗無天日必千百倍於今朝是其弊必至虐民民不堪其虐揭竿起事海外會黨利而用之必有以更憲法伸民權爲名大行其革命之術者興言及此臣爲中

國危臣爲生民痛矣又疏曰爲新編官制流弊太多恭摺仰祈
聖鑒事竊臣伏讀本年七月十三日　上諭豫備立憲先將官制分別議定恭繹是日
詔旨大權統於朝廷庶政公諸輿論二語最合君主立憲國政體大義微言昭示天
下使編制諸臣仰承　詔旨之義體會周詳何有流弊不謂其所編官制乃大權操於
大臣一二人而庶政則私諸十員參事官也臣於本月二十一日具摺豫防流弊係言
其理由未嘗逐條辨晰今謹將新編官制流弊再縷陳之臣聞該大臣等所擬內閣官
制開宗明義卽謂內閣政務大臣輔弼　君上代負責任此語非常狂悖蓋責任二字
有對待之義人所責我者而我以自任故東西各國責任二字專屬政府尙不敢指斥
君主矧我朝立國體制　君父至尊與天無極夫誰敢責之又對誰任之其措語已屬
不道然猶得曰祇文字之秕謬也至其實權所在則尤有駭人聽聞者夫我朝定制凡
可言事之官皆許單銜奏事無庸關白閣臣及軍機處大臣凡　召對臣工雖在疏遠
小臣亦與獨對內而閹寺外而大臣皆不許參侍其間原使入對者無所顧忌可以得
盡所言所以防壅蔽通耳目也立法之善遠軼上古是以雖在　國初議政大臣如鼇
拜　明珠諸人聲勢炫赫然言路之糾彈廷臣之抗論尙有以折其氣而銷亂萌誠以其
時　朝廷股肱尙多雖一二人盜竊威柄其力固不足箝天下之口以張其燄也頃臣
聞擬訂內閣官制條目有曰內閣各大臣具奏事件其關涉行政全體者由內閣總理
大臣左右副大臣會同各部尙書連銜具奏其關涉數部變更者由總理大臣左右副

大臣會同各該部尙書連銜具奏其關涉一部變更者由總理大臣左右副大臣會同該部尙書連銜具奏其專屬一部行政事務者由該部尙書單銜具奏等語夫曰一部行政事務蓋即一部之例行事件而已茲維例行事件方許該部尙書單銜具奏其稍有關涉稍覺特別之事苟非經閣議則各部尙書必不能具奏即先開閣議成議以後苟非與內閣總理左右等大臣連銜仍不得具奏是各部大臣雖具單銜奏事之名其權限固已微矣夫我　朝六部九卿科道各衙門皆能奏事之官也然言路尙覺不寬茲經新擬官制京秩衙門已多裁併則得以專銜言事之官已汰大半而收其權於內閣及各部大臣共十四人是言路隘之又隘流弊已不可勝言況於此十四人中其尙書十一人復授監督於閣臣以限制其言事之權而惟二三閣臣爲　朝廷專寄耳目非特前古所無恐五洲萬國亦無此政體也再臣又聞內閣官制條目有曰總理大臣左右副大臣仍逐日入對各部尙書按五日入閣會議一次遇有本部重要事件即日呈遞膳牌隨同總理大臣左右副大臣入對各部尙書如有緊急事件亦可隨時自請入對等語照此則是收中外各衙門事權於十一部而十一部所有事務非先開閣議經內閣大臣允諾不能入對即經內閣大臣允諾苟非隨同內閣大臣仍不能入對雖有自請入對之文然苟不經閣議不隨同內閣大臣而自請獨對則在內閣大臣必以是爲反對內閣之舉此必不避見怒閣臣之人而後敢毅然以請恐由此而大臣敢自請入對者蓋亦寡矣是請對一條殆亦徒設虛文以塗飾耳目照此則內閣之勢力非特可監督諸臣之奏事並得監督諸臣之奏對設閣議之制以限制各部院具奏之權

立隨同入對之條以破壞　祖制召見獨對之法臣不知此次該大臣等所擬官制將
置　朝廷於何地也然此猶從其對於同官言之也若照所擬官制其對於　君上亦
不外一專字是以一則曰凡用人行政一切重要事宜均由內閣大臣承　旨施行再
則曰內閣各大臣恭奉　諭旨皆有署名之責夫定制凡奉　上諭事件有發內閣轉
行者有交軍機處字寄者其發軍機處者實即直下各部院各疆臣之　諭旨軍機處
特職在字寄而已有承發之責無施行之權蓋自前明洪武時胡惟庸以誅敗遂廢丞
相府置內閣以掌機務承旨而已施行之權則分寄於六部所以杜專政之漸也我
朝因之及雍正時設立軍機處特改題本爲奏摺期於文字簡易於軍事爲便其範圍
與內閣固無大異同頃擬合承　旨施行而一之則　朝命不得直宣凡京外一切衙
門皆稟於內閣以承其令內外一應庶政皆仰於內閣以受其成是直恢復前明初年
丞相之權限歷稽掌故　國初時議政大臣之勢力尚不至此也至各國詔敕署名之
舉則各國國體不同政俗亦異故其君主且自署御名而政務大臣亦隨以署名我
朝名分最嚴天澤之分冠履之辨斷無臣下署名　諭旨之理應仍舊稱某衙門奉
上諭爲正此則名義所在亦即豫防專政之萌者也若夫用人之柄尤爲　君上之特
權非臣下所敢闌干現在擬改官制則議設之各部三四品請簡官實即曩者三四品
京堂之職自應照應陞此項官階或稱此等職事者普通開單由　上特簡乃臣聞所
擬各部官制通則第二十四條稱有各部請簡官由本部尚書商同左右侍郎選擬相
當三人開單經閣議後請　旨簡授等語是直限制　君上簡授之人不得出此三人

之外而此三人者苟非習於部臣必不與於閣單苟非習於閣臣必見屏於閣議公權日輕私權日重殆莫此爲甚夫易警履霜詩戒鳴鳩臣念編制諸臣何以甘潰國家之
大防而不卹敢背七月十三日之 諭旨而不顧豈不謂各國通例則然各國行之而
富強我 國背之而貧弱作此危言以聳 聽臣意提倡此意者不過新進無識不知
大體之數留學生適有主持是事之人樂聞是說以逞其私而編制諸臣亦相顧結舌而莫之敢抗也竊查此次所擬內閣官制大率取裁日本職員錄之內閣編制而其權力又加甚焉夫各國政府權力之重原過於君主故名之曰責任政府其各部院大臣及地方長官非與政府黨派相同不能居其位故各國皆有政黨之目每易政府則各部院大臣及地方長官必相率俱退即易一新政黨以乘其後此各國通例也日本雖君主立憲然政府進退亦同此例此在我 國萬不能行然各國政黨雖紛而其君臣上下固相安於無事君主雖不負責任而常定於一尊未聞其有跋扈之臣致起蕭墻之禍者則以其下有議院爲之監督也政府箝制議院議院亦監督政府政府有解散議院之權議院亦有糾彈政府之權且有拒絕政府提議並否決歲費之權上下相維而其皇室尊嚴轉居定位固非一任政府操無上之權而莫之或問也且各國政黨蓋公黨非私黨以政見相同遂結爲黨援以求得伸其說設其黨中首領自犯不韙之事抑或行迹不明爲其黨人所覺則其黨立即解散且討詰其罪故其黨有政見固結之權而無同惡相濟之患我 國教育未興率有私黨無公黨原無政治思想祇以富貴相求富貴所在即聲氣所通故在朝祇有私黨之營在野絕無政黨之固上下議院不

克成立者以此責任政府不能仿行者亦以此若貿然爲之不揣其本而齊其末遽立此無監督之責任政府恐患氣之乘不在敵國外憂而在邦域之內也臣又查泰西各國無論君主民主君民共主其爲治皆分立法司法行政三大權三權鼎立而國以安未有合三權而俾之一人者也即此次編制諸臣亦明謂除立法司法各官外僅分別擬立行政官制似亦不失三權鼎立之意然臣聞擬訂內閣階級除總理大臣仿日本太政官左右副大臣仿其左右大臣係其明治初年官制以外其餘皆仿日本現行辦法故日本內閣設五局現擬官制亦設五局其主要所在則在第三之編制局即日本內閣五局中之法制局也日本法制局設參事十人現擬設之內閣編制局亦擬設參事十人相其形貌亦大率從同然性質則迥相逕庭蓋日本法制局參事所起草之法律命令案爲已經議會所議定之法律或擬交議會提議應行修改之法律自與立法不相干涉而我編制局所擬訂之各項行政法規草案爲未經集議會議決之法規草案且亦不交集議會協議之法規草案是立法行政直出一人且即使交集議會公議矣然臣聞內閣官制條目稱有凡政府交集議院公議之法律草案開閣議議決之以總理大臣爲議長等語夫提出法律草案交集議院公議者內閣也經集議院公議後而操決議之權者仍內閣也其居議長之席者則內閣總理大臣也自行交議又自行議決而自作議長是總理大臣非特上對　君上代負行政之全權並下代議院兼操立法之實際而集議院徒作贅疣甚或資爲政府之傀儡操立法行政兩大權則司法之權可不言自在其中此等威勢權力非特我　朝三百年來所未有亦自周秦以來

三千年所未有非特日本維新以後之所無亦亞澳歐美列邦殊風異俗之所無也明居行政之名而陰攘立法司法之柄分寓於條目章制之中而一網羅致一手握定若據此推行恐大權久假不歸 君上將擁虛位議院無期成立下民莫敢誰何羣起革命顚覆之憂將在眉睫此固非 朝廷之福恐亦非該責任大臣之福也臣竊謂茲事體大政本所關斷非憑一二人之臆見數十日之程限所能釐定亦斷不能不論國體若何人情若何國民程度若何遂鈔胥各國官制成文遽將三百年來奉行之成法一旦盡翻全局臣愚以爲天運以不息而成時序以積漸而轉審詳持重所全實多以現在官制而論則如輪船鐵道電線郵政皆屬新政無所隸屬積弊所叢莫與稽覈此交通部所應設立者也立國之本農工商並重中土原稱農國工業尤爲富源此農工商部所應設立者也巡警一項僅內政之一端而戶籍之稽建築之掌皆屬內治此內政部亟宜設立以容納警部者也豫算決算整齊天下之財政爲治國第一要著此戶部財政處之宜聯合整頓者也綠營未盡裁新軍日加多教練之法日新管理之法亦異此兵部練兵處之宜歸併擴充者也靑藏蒙古爲我邊疆視作領土乃爲我有名爲藩屬便啟戎心朝鮮之役可爲殷鑒此理藩院應大加整頓而並去藩稱竟編入各部而一律視同內地者也其餘各部皆有專掌宜整飭調理綱舉目張自徵成效以上皆行政衙門臣愚以爲遠鑒前明內閣改設之意近維我 朝議政大臣顯蹶之由旁考各國議院政府維繫之故似行政機關仍應暫歸各部而裁併增置大加釐訂亦即氣象一新已足塞各國之觀瞻慰臣民之跂望立法一權無所歸屬宜暫遵 祖制以專銜

言事屬之御史講官及四品以上京堂分任立法之職務藉通國民之聲氣其內閣軍機處無論歸併與否並易何種名稱應暫仍舊制以為承 旨傳宣之地位不作總挈行政之樞機一俟上下議院成立之日乃為責任政府設置之時現在惟以全力獎勵自治提倡教育以儲紳民政治之知識以為立憲政治之基礎明示天下無論如何必使上下議院與責任政府同時設立以免偏重此則於本年七月十三日 上諭最相脗合而政柄之倒持權臣之專國可自此而息此臣區區之愚所以上陳 君父者也

抑臣更有請者臣聞此次編定官制雖經 簡派親王大學士軍機大臣政務大臣各部尚書及直隸總督等公同編訂然主其事者不過一二人而主筆起草亦祇憑新進日本留學生十數人此等留學生原無學問根柢亦未受普通教育敢為大言以肆欺罔此次編制率出其手於本 朝國體人情及數千年官制因革之故並我 朝開國以來成法精意之存茫然莫解即於東西各國官制亦僅守一孔之言罔知體要所在是以此次編制隨員中之文學生蓋以日本職員錄二本為秘鑰武學生則以日本陸軍成規類聚一冊為金科夫職員錄者即日本每歲刊行之搢紳也成規類聚者即日本陸軍省歲集之例案也臣嘗以此兩種與所聞擬訂官制逐節比對其符合者凡十之九即間有出入之處蓋亦承受一二當道意旨為推廣其權力起見即臣所謂權力又加甚焉者也竊惟我 國有大變革有大制作豈藉一二部日本搢紳成案與十數名留學生所能訂定我 皇太后 皇上仁孝為懷豈忍以 聖祖 高宗經營完善之天下一旦亂於十數乳臭小兒之手應請於該大臣等編定奏呈以後其中宏綱所

在朝廷自有權衡若其各部節目條分縷晰之處具體雖微關係極重應請 飭令
京外各大臣各舉所知須博通中外之故諳習古今之變名儒宿學送入政治館令於
現所擬定官制各條詳爲磨厲推究申明理由悉心釐定庶幾切實可行不得即以一
二留學生塞責則於訂定官制必有裨益臣爲嚴杜流弊起見不覺言之痛切合行具
摺密陳是否有當伏乞 皇太后
皇上聖鑒訓示謹奏

太后感悟御史劉汝驥張世培趙啟霖江春霖等繼續言之內閣之制不下世凱連上三疏促之太后召見切責世凱恐遂以閱南北新軍會操爲詞即日出京

給事中陳田亦疏劾庸臣誤國疆臣跋扈謂奕劻庸汚引直隸督臣袁世凱爲心腹世凱以組織內閣爲名挾制朝廷非將君主大權潛移於世凱手不止太后封疏交奕劻世凱閱看世凱故立時出京

詔設資政院大理院審計院

世凱出京新官制下不設內閣特設資政院以代國會大

理院以管司法審計院以清財用為立憲之預備餘部院多因舊

三十三年丁未袁世凱疏請行內閣制建立政府

世凱回津半年以內閣制不行中央之權終無統系令張一麐為疏請建立強健政府奉旨交政治館王大臣會議

御史趙炳麟疏論政權兵權不可混合

炳麟疏曰臣聞直隸督臣袁世凱請行內閣制建立強健政府臣以為內閣總理不可統率海陸軍政權兵權不可混合王莽以大司馬而秉政則漢移於新曹操以丞相而專兵則漢絕於魏自來政權兵權混合皇室失其尊榮而

陷於至危人民無所控愬而受其壓制此大臣專制政體
考之中外古今無不兆亂者他日軍閥橫行生民塗炭不
堪設想奉旨一並交政治館會議
以貝勒溥倫爲資政院總裁大學士孫家鼐副之
溥倫家鼐奏簡俞廉三寶熙丁振鐸曹鴻勛汪榮寶趙炳
麟章宗祥程明超曹汝霖等爲協理仿各國議院組織法
訂選舉章程及議事章程奏行之
四川總督岑春煊入京疏請實行諮議局制詔允之
先是政治館擬定諮議局選舉法及議事法未敢奏行會
春煊惡奕劻入京面劾之幕友高鳳岐說春煊請行諮議

局制組織省議會春煊以護駕至西安太后深眷之屢造膝密請太后明詔頒行授春煊爲郵傳部尚書春煊後以劾奕劻不一月調兩廣總督春煊心憤辭職允之或言端方與春煊不睦知太后惡康梁端方用蔡乃煌謀以梁啟超相片合春煊相片照作一紙進呈　太后張之洞亦惡春煊與奕劻合謀之太后遂聽春煊去職

以醇親王載灃爲軍機大臣

奕劻久領軍機至是太后以奕劻屢招物議命載灃同在軍機行走

以張之洞袁世凱爲軍機大臣

奕劻屢引世凱入政府太后以之洞老成練達夙懷忠悃命同入軍機是時軍機六人奕劻載灃世續鹿傳霖張之洞袁世凱

頒布九年籌備立憲諭旨

之洞世凱同入相思有以更新政治慰天下之望當是時孫文黃興立同盟會主張革命尤力康有爲梁啓超立保皇黨主張君主立憲謂滿清本係同種且康熙以來不無美政其近世政治之不良乃爲政者之過但能立憲人民可施監督之能力無難整飭綱紀倘革命則秩序必亂外人乘間奪我國權國必亡於是革命立憲兩派在海外恒激戰於演台湘人楊度執兩說之中以速開國會救濟之入北京游說王公卿相之門結歡世凱約其徒黨熊範輿等集闕下呈請速開國會之洞世凱陳於太后遂頒九年

籌備諭旨令憲政編查館各留學生鈔襲各國法政按年施行部院督撫懸之匾額每年由憲政館派人出外調查以資核實究之未審民情未度財力所訂多不能行部院督撫各以表册空文報政府而天下自此擾擾成命又不能收回憲政館將舊時法典改訂增減舊法悉破壞新法又扞格難行以致上無道揆下無法守循至顛覆不可救藥云

宣統大事鑑

宣統大事鑑

廣西立圖書館

宣統大事鑑

余於官京師時手編光緒朝大事爲彙鑑十二卷辛亥歸桂林政體遽變因思宣統御宇雖僅三年而新陳遞嬗關係尤鉅甲寅匿居全縣柏樹墪開墾荒地空山寂然長夏無事仍用彙鑑書法總輯宣統間大事爲宣統大事鑑一卷雖鄉僻無書紀載太略然信而有徵藏之名山傳之後世亦汲塚鄭井之遺也

甲寅八月桂林趙炳麟識於柏樹墪

宣統大事鑑　卷一　一　趙柏巖集

宣統大事鑑卷一

全州趙炳麟柏巖著

光緒三十四年戊申十月　孝欽顯皇后立醇親王載灃子爲皇子越日　德宗景皇帝遽崩　孝欽以皇子繼皇帝位自爲太皇太后訓政以載灃爲攝政王又越日太皇太后崩

諭云朕自沖齡踐阼寅紹丕基荷蒙皇太后幬育仁慈恩勤教誨垂簾聽政宵旰憂勞嗣奉懿旨命朕親裁大政欽承列聖家法一以敬天法祖勤政愛民爲本三十四年中仰禀慈訓日理萬幾勤求上理念時勢之艱難折衷中外治法輯和民教廣設學堂釐頓軍政振興工商修訂法律預備立憲期與薄海臣庶共享昇平各直省遇有水旱偏災凡疆臣請賑請蠲無不恩施立沛本年順直東三省湖南湖北廣東福建等省先後被災每念我民滿目瘡痍難安寢饋朕躬氣血素弱自去歲秋間不豫醫治至今而胸滿胃逆腰痛腿軟氣壅咳喘諸症環生迭起日以增劇陰陽俱虧以致彌留豈非天乎顧念神器至重亟宜傳付得人茲欽奉慈禧端佑康頤昭豫莊誠壽恭欽獻崇熙皇太后懿旨以攝政王載灃子溥儀入承大統在嗣皇帝仁孝聰明必能仰慰慈懷欽承付託憂勤惕厲永固邦基爾京外文武臣工其精白乃心破除積習恪遵前次

諭旨各按逐年籌備事宜切實辦理庶幾九年以後頒布立憲克終朕未竟之志在天之靈藉稍慰焉喪服仍依舊制二十七日而除布告天下咸使聞知又諭云欽承慈禧端佑康頤昭豫莊誠壽恭欽獻崇熙皇太后懿旨前因穆宗毅皇帝未有儲貳曾於同治十三年十二月初三日降旨皇帝生有皇子應承繼穆宗毅皇帝爲嗣今大行皇帝龍馭上賓亦未有儲貳不得已以攝政王載灃之子溥儀承繼穆宗毅皇帝爲嗣兼承大行皇帝之祧

德宗夙負大志自戊戌新政之蹶幽閉瀛臺抑鬱無所發舒病瘵逾數年當是時慶親王奕劻長軍機專政貪袁世凱之賄引入軍機以爲己助張之洞那桐亦同在政府世凱機警富權術而以戊戌政變與　德宗若仇敵會陝甘總督升允疏劾奕劻袁世凱假立憲爲名刼制政權湊逼主上是以皇上目覩心傷憂鬱愈甚敢怒不敢言若不去

奕劻袁世凱皇上之病必不起固大淸之憂抑中國之憂等語　德宗欲下其奏　孝欽曰狂言也寢之　德宗病更甚痿痺不能行坐言宮中有請擇　宣宗之後長者賢者入侍左右以固根本　孝欽乃召醇親王載灃子入宮立爲皇子年方三歲　孝欽忽病痢劇世凱及太監李連英等惻惻懼　孝欽先　德宗逝禍且不測未幾　德宗遽崩　孝欽懿旨以皇子繼位太皇太后訓政醇親王載灃攝政未幾太皇太后亦崩　或謂孝欽病急時太監稱孝欽旨告德宗曰皇上病甚心當明白皇上衣上之鈕鈕皆金製也及德宗崩衣上少一鈕斧聲燭影天下疑之

十一月罷袁世凱

德宗之崩也內外嘖嘖度支部尚書載澤素親　德宗密謂攝政王載灃曰昔晉趙盾不能討弒君之賊史書趙盾弒其君今　大行皇帝之事天下稱冤　皇上年幼爾攝政其毋自貽伊戚載灃大感動會給事中陳田御史趙炳麟上書劾世凱遂以足疾罷歸

攝政王召見御史江春霖於養心殿

春霖在臺彈劾不避權貴時有朝陽鳴鳳之目嘗於是年九月九日劾慶親王奕劻袁世凱朋比爲奸殃民禍國德宗見疏痛哭流涕而以　孝欽故留中不敢發至是春霖復言世凱雖去奕劻尚留打草驚蛇縱虎還山爲禍更

急攝政王召見嘉納之

攝政王召見御史趙炳麟於養心殿

炳麟以世凱雖罷而朝廷布置太疏必有後患上書陳孤危情形攝政王召見謂曰爾言關係極重究應如何布置炳麟對曰世凱罷官而罪名不著天下疑攝政王排漢奸人搆之使民解體爲患滋大當宣布 德宗手詔明正世凱之罪黜逐奕劻以靖內奸任張之洞獨相以重漢人之權起岑春煊典禁衞軍鞏固根本召康有爲安維峻鄭孝胥張謇湯壽潛趙啟霖授皇帝讀並爲攝政王顧問以收海內物望實行立憲大赦黨人示天下以爲公攝政王首

肯者再旋召見張之洞商榷之洞與岑春煊康有爲皆不合力保奕劻持重宜加信用非彼不能鎮安皇室炳麟所奏多紛更不可用議遂寢當是時之洞督辦川粵漢鐵路廣西人覃兆鵾爲川粵漢路文案居之洞家之洞遣兆鵾警告炳麟曰張中堂以我與君同鄉特囑傳語今日君所面奏中堂極不謂然已於召對時逐條面駁人生難得淸名毋爲人誤云云自是以後攝政王不召見小臣矣

宣統元年己酉五月攝政王以貝勒載濤與禁衛軍兼管軍諮府貝勒毓朗襄辦禁衛軍事

初御史趙炳麟請置禁衛軍選北軍南軍之精銳入拱宿

衛以岑春煊爲督辦馮國璋陸榮廷爲會辦用新式訓練預備不虞交陸軍部議至是行之攝政王以其親弟載濤督之濤任良弼襄戎事弼留學日本嘗慟各學生排滿之舉多不親任漢人度支部尚書鎭國公載澤陸軍部尚書鐵良民政部尚書肅親王善耆及王公貝勒皆以良弼言爲不易至理自是滿漢之見愈深矣

攝政王以貝勒載洵爲海軍部尚書兼管崇陵工程事

初醇親王奕譞生四子長　德宗次載灃次載洵次載濤奕譞之福晉與　孝欽爲同胞姊妹故　穆宗崩　孝欽詔立　德宗雖有　孝哲毅皇后以死爭言官吳可讀以

死諫皆不納迄　德宗崩載灃攝政業已任用載濤而載
洵不能無位置因以海軍部尙書崇陵工程畀之自是行
政大臣半王子王孫矣
御史江春霖胡思敬劾載洵載濤留中不報
攝政王初政振紀綱勤召見天下喁喁望治自元年以來
任用親貴猜忌漢人天下失望載洵尤嗜貨海軍部及崇
陵工程多以賄行春霖思敬先後劾之語甚沉痛謂天下
解體則國且不保家於何在攝政王終不報
袁世凱卜居於彰德
世凱築別墅於彰德居之彰德北近京畿南通武漢四達

之地世凱雖家居而奕劻在政府政無大小畢報北洋賓吏布滿京外惟世凱意旨是瞻攝政王毫無布置惟知任用親貴孫文黃興等創同盟會主張革命黨羽遍京外識者已知事不可爲矣

七月頤和園八品苑副永麟以書諫死之

永麟以攝政王用人行政失當宗社必亡上書諫諍不食數日死冀效史魚之節御史崇興趙炳麟掌京畿道事代奏其言并請恤之 臣永麟頓首謹陳 監國攝政賢王殿下竊自庚子以後時事孔艱乂不幸 兩宮升遐萬幾愈形棘手當此之際正臣子臥薪嘗膽之秋自應激發天良力固邦本徐圖挽回大局今以國家新政鉅欵難籌政府無點金之方司農有仰屋之歎會議加捐加稅取給民間本不得已之苦衷

舍此別無良策然以臣愚見大創之後元氣已傷繼以水旱偏災米珠薪桂小民之生計已屬萬難若再加以煩重之國課吏胥藉端生事騷擾苛求浮冒徵收或相千百設使一朝激變外人必藉口保護教堂使館以重兵駐守陰行其反客爲主之謀我兵勦撫亂民自是摧枯振落臣恐亂民剿清之日即外人實行領土之時此臣之所以痛哭流涕不能已於言者一也至開源亦須節流每見各省創辦學堂以及警察衙署動輒數萬或數百萬數千萬其餘巧立名目支用浩繁更有封疆大吏部院重臣居然舞弊營私侵吞浮冒賄賂公行司空見慣即或偶然發覺其黨緣請託彌縫最工察無實據者有之情尚可原者有之案情實係重大僅擬革職處分聊以塞責該員竟坐擁厚貲逍遙法外寡廉鮮恥相與效尤因而官場之僭越驕奢貪婪橫暴肆無忌憚者惟日不足民間之困苦流離泣涕哀號委身溝壑者亦日見其多國計之艱難庫款之奇絀岌岌乎有不可終日之勢若再因循數年則大局何堪設想此臣之所以痛哭流涕不能已於言者二也中國地大物博出產最富森林礦產漁業以及路政商務認真講求實爲富強之本吾皆不甚注意外人反視爲奇貨可居百計營謀或運動權要或勾串劣紳要求合辦迨合同既立我絀彼盈始覺被欺太甚設法議廢成約交涉實非容易即幸而挽回在彼辦則爲金穴在我辦如獲石田推原其故實彼一弊字害之也未能力除積弊實用人才適臣館員僑民留學生中儘有眷念祖國才堪大用者是宜實心探訪其人虛心嘉納其言然後推誠相待用盡其長開無盡不竭之利源則中國之強可計日而待也何必定在捐民一途設想也此臣之所以痛哭流涕不能已於言者三

也至於文學以造就賢才爲本不尙浮華武備以固結軍心爲本非徒形式籍可出入爲輕於背本者開方便之門後來之流弊滋多金作贖刑爲富而不仁者立爲非之劵此日之寒酸可憫融合滿漢毋事空談澄敘官方先誅貪媚官員之廉俸必使足仰事俯畜之資生民之日需必使有貴賤等差之制條理就緒威德兼施古云德而不威其國外削威而不德其民內潰外削尙可圖存內潰則成瓦解此臣之所以痛哭流涕不能已於言者四也凡此數端係愚臣一得之見實非無病之呻吟伏乞我　賢王察之臣籍隸內府世受　國恩目覩時艱竟成心痗時切杞人之憂故作冒死之諫又因識字無多措辭失當越職言事國有常刑臣稟賦孱弱不堪獄吏虐辱拜摺之後懼罪捐生望我　賢王憐而恕之再臣繕此摺原欲求本管堂官代行呈遞誠恐賢王震怒累及率行代遞之人故而未敢繼思擱輿呈遞又以護從如雲瞻拜匪易大聲疾呼必遭斥辱因思報館天職公益必登遂拜封郵寄宛轉以達　鈞聽如臣言可取采擇施行臣死且不朽臣痛哭流涕頓首謹陳

八月大學士軍機大臣張之洞卒以東三省總督徐世昌爲軍機大臣

之洞夙負清望見朝政不綱救之無策內而奕劻載洵等各務貪黷紛植己黨外而民怨刺骨革命日急之洞憂鬱咯血賦絕命詩而卒詩云南人不相朱家傳自詡津橋警杜鵑辛苦李虞文陸鬻追隨寒日到虞淵誠感人心心乃歸君民末世自乖離豈知人感天方感灑涕香山諷諭詩世昌夙爲袁世凱幕府練兵北洋倚爲策士以世凱薦歷官至東三省總督至是奕劻引入軍機參預樞密助己驅逐朝士援用世凱

二年庚戌正月攝政王奪御史江春霖言職

春霖曾九疏劾奕劻復劾洵濤親貴側目至是又劾奕劻老奸竊位禍國病民攝政王以所奏不實奪春霖御史職回翰林院衙門行走給事中陳田御史趙炳麟約都察院

全臺聯名留之不允春霖尋以養親告歸京滬士大夫開會送者數萬人多太息痛哭自是民愈解體

陝甘總督升允疏請展緩立憲攝政王硃批斥之

初　孝欽　德宗懿旨以九年爲期預備實行立憲出使德國考查憲政大臣于式枚疏諍曰各國多困暴君虐政慘無人道故不憚流血以爭數條憲法若中國自堯舜以來名雖帝制政實共和苟非亡國之君誰不以保民爲本至我朝而法良意美萬民樂業上下相安已數百載今悉破壞舊制日言立憲所謂天下本無事庸人自擾之民智易開則愚之無術他日噬臍曷及等語不報至是升允以

預備立憲之詔下不分先後緩急一切皆尅期以督之疆臣無所措手足萬事叢脞惟聚外洋留學生列表以答政府名曰預備其實一事不能預備以政太叢雜人才錢財皆辦不到也請取銷　兩宮懿旨分別緩急先後以求實政而保國基如此方爲斡蠱補過云云攝政王以升允違反潮流且詆抗懿旨仿雍正朝硃批於奏疏上斥責之

御史胡思敬疏論速貧速亂速亡不報

思敬以新政叢脞聚有用之財用之無用之地取盡錙銖用如泥沙必速人民之貧民既貧矣無恒產者無恒心老弱轉於溝壑少壯流爲盜賊必速天下之亂天下既亂不

可收拾不亡何待疏上留中後思敬見國事不可爲乃爲十別詩見志告身歸江西築別墅於南昌之東湖居之

攝政王奪陝甘總督升允職

升允自奉硃批斥責後以攝政王不辨賢奸因上疏乞病假疏言臣患外感既重內憂復熾以致有目不能識黑白有耳不能分雅鄭有鼻不能辨臭薌攝政王惡其語皆刺已下詔免職升允慟宗社將覆入華山爲道士其妻苦挽之乃止開酒店於西安之院前街曰鼎華樓夫婦持籌估酒澹如也

御史趙炳麟劾慶親王奕劻十二罪不報疏曰爲親貴大臣貪庸亡道負國背君罪大惡極天怒人怨

籲懇神威特斷罷其政權議其罪案以協人心而彰國法恭摺仰祈　聖鑒事竊考我
世宗設立軍機處以來本無以王公入樞廷者嘉慶間成親王永瑆學望素著仁宗
令在軍機處辦事不過數日因其與國家定制未符仍令不必在軍機處行走載在嘉
慶四年仁宗實錄彰彰可考自同光以來　兩宮　皇太后臨朝稱制不能不用親貴
以鎭服　皇室於是恭親王奕訢禮親王世鐸慶親王奕劻相繼入樞廷任是職者應
如何公忠廉正以衛　宗社而安人民乃不謂罪大惡極有如慶親王奕劻者臣請將
奕劻當國以來述其大略已有十二大罪爲天下後世所共知者敬爲我　皇上陳之
前直隸總督袁世凱在　先朝時跋扈恣睢久爲　先帝所深惡世凱內結奕劻外領
疆帥政權兵權財權一手握盡是以御史黃昌年劾其勢凌　君主御史王乃徵劾其
帝制自爲給事中陳田劾其跋扈不臣世凱威權震　主昭然若揭　監國攝政王在
藩邸時當悉知之奕劻乃引世凱爲軍機大臣使　先帝日日望見世凱敢怒不敢言
中懷鬱結遂致　聖躬不舒光緒三十三年聞陝甘總督升允即以此彈劾世凱及奕
劻等先帝亦因此抱病日深遂辭寰宇橋山之痛天下同仇爾時幸有　孝欽顯皇后
洞鑒隱微　召大學士張之洞以相牽掣奕劻袁世凱等深忌內有張之洞在政府外
有馬玉崑將重兵皆不附已又謀出馬玉崑於江南復爲　先朝燭破留不發出天與
人歸乃有今日世凱目無　先帝奕劻黨庇世凱其心目中又何嘗有　君父哉明楊
繼盛劾嚴嵩云叛臣者非必謀反之謂凡心不在君而背之者皆謂之叛以此令奕劻
自思何以上對　九廟下對天下士民是爲黨奸逼　主大罪一福建奸人力鈞者本

無賴子以治奕劻病日往來於奕劻之門載振爲農商部尙書時補力鈞郎員　德宗
有疾奕劻薦力鈞治之　德宗聖躬本弱不宜苦寒之劑天下臣民雖不知醫皆共知
此理而力鈞乃用大黃芒硝以取大瀉久病柔弱之臟腑焉能勝此盪滌御史謝遠涵
劾陳璧摺內曾劾及此查辦大臣以力鈞請假去　德宗賓天爲日頗久不知　德宗
之久疾因大瀉而日深力鈞之請假思脫身以避罪力鈞何心薦力鈞者又何心耶是
爲薦醫傷君大罪二袁世凱倚奕劻爲護符而非金錢無以結奕劻之歡也於是陽借
籌欵爲名陰以遂其輸賄要津之計光緒二十六年前直隸總督李鴻章奏辦順直善
後賑捐計收銀壹千捌百三拾餘萬兩世凱造咨報部者壹千肆百伍拾玖萬餘兩尙
有銀叁百柒拾餘萬兩未經報銷有案直隸永平七屬鹽務自光緒二十九年改章始
則壹萬數千三十年增至陸萬餘兩三十一年增至拾叁萬捌千壹百餘兩三十二三
等年報部之數與三十一年分毫無增減今聞監理財政官劉世珩云永平鹽務可收
銀三十餘萬兩是此中任意侵蝕路人皆知乾隆時山東巡撫國泰侵帑以媚和珅卒
因御史錢灃奏劾　高宗將國泰正法和珅不敢袒庇袁世凱以奕劻始終迴護至今
北洋財政不能清釐奕劻贍妄較和珅尤甚是爲通同蝕帑大罪三出使大臣職任極
要古時宰相並重各國選用通才不敢少濫至於督撫大員總握一省政權尤應如何
愼重周榮曜廣東之奸胥也而奕劻用爲出使大臣段芝貴天津之賤役也而奕劻用
爲黑龍江巡撫其後榮曜被疆臣參出劣迹萬端　先朝震怒削其官職籍其家產獲
贓數百餘萬兩段芝貴亦爲台臣劾罷天下皆頌　先朝之清明雖奕劻有無受賄人

不得知而但就用人論之奕劻位列首輔於使臣疆臣自宜遴選賢才匡茲危局乃任
彼私意引進闒茸由此類推十年來內治之廢弛外交之失敗誰生厲階至今爲梗是
爲濫用非人大罪四自奕劻任用宵人天下風俗爲之大壞以金銀爲應酬以姬妾爲
投贈司道以此媚疆帥疆帥以此媚輔臣賄賂公行靦不知恥蹤跡詭秘根據難尋查
之無憑言者有罪事實雖著舉發極難貨賂交通所盜竊者皆 陛下之財政閭閻剝
削所喪失者皆 陛下之人心此等流弊在鼇拜專政時萌芽漸長賴聖祖旣罪鼇拜
復納御史李之芳言罷斥鑽營各員遂以固我 朝有道之基臣於本年正月二十四
日講義略述其事今則風俗已成凡士大夫之嗜利無恥者無不以奕劻爲歸宿所喜
則陰爲引援擢置顯要所惡則密行訾毀公肆擠排偶有發其一二細故者即不免褫
職而去蔣式瑆劾之則罷言職矣趙啟霖劾之則受嚴譴矣江春霖劾之又解臺任矣
勢成威立中外靡然徒使天下之忠臣賢士深憂永嘆不樂其生而貪利亡恥敢於爲
惡之人四面紛然攘袂而起以求逞其所欲長此不回天下事尚堪復問乎是爲敗壞
風俗大罪五善則歸君過則歸己此人臣事君之大義也故書曰爾有嘉謀嘉猷則入
告爾后於內爾乃順之於外曰斯謀斯猷惟我后之德東西立憲各國以宰相受國人
責備君主立於無過之地亦同此意蓋非此則君主當過民人離心國本動搖邦基危
險視變易政府利害懸殊矣奕劻則不然國會代表之來也奕劻見之曰我亦國民一
分子自必幫忙是明其願立憲者奕劻不願立憲者 朝廷也江春霖之譴也力鈞實
言曰我聞慶邸云此次非爲我老慶爲介弟報復耳臣固知 朝廷賞罰一秉大公但

此言流傳天下謂國君而仇匹夫其誰不解體臣不知奕劻將置　監國攝政王於何地且置　皇上於何地也是爲歸過　朝廷大罪六奕劻位居樞輔躬操用人之權自當求天下才以治天下事乃中外高位多其戚黨即云舉不避親古亦有之然必其親爲有才方可臣聞陝西巡撫恩壽之貪庸浙江鹽運使衡吉之卑鄙祗以奕劻私人覥顏高位乾隆時軍機大臣張廷玉多用親戚爲左都御史劉統勳所劾廷玉即不自安必求　高宗將其親戚停陞奕劻各親戚爲江春霖所論奕劻毫不爲動若理所應爾者此其心目中尙復知有忌憚乎是爲營私蔽賢大罪七自來政治修明必須用人得當用人之道不外選任及懲戒兩法選任所以愼之於始懲戒所以保之於終中外古今莫之能易奕劻進退羣僚全視饋酬之厚薄選任官吏之濫五洲所無我國懲戒貪汚惟恃言官參劾是以　列祖　列宗以來凡參案查辦最爲嚴切湖廣總督孫家淦以查辦許容意存偏袒則褫職論戍矣大學士莊有恭以查辦段成功詞多隱徇則拿部問罪矣往往一案經數人必期是非明晰者　列聖豈故爲苛刻哉以綱紀所關即治亂所屬是非不明則賞罰不行和事天子模稜宰相皆世亂之所由來也近年一切參案查辦大臣無不請示於奕劻奕劻暗通消息多爲開脫以致徇私違法之徒上不畏臺垣之彈論下不顧民命之艱危視國紀如弁髦輕民生如草芥窮奢極欲貪得無厭皆恃奕劻爲奧援是以肆意貪橫全無忌憚選任既濫懲戒不嚴吏治安得不弛民生安得不蹙怨深禍結如國本何是爲濁亂內政大罪八奕劻自爲總理各國事務大臣以至今日數十年於茲外交著著失敗如浙江雲南兩廣之路山東山西河南之礦考

其許外人干預合同大抵皆奕劻任總理衙門時經手畫諾至今太阿倒持不可收拾
幾有路礦瓜分之勢而奕劻反借外交以自重聚九州鐵能鑄此大錯乎是爲損失外
交大罪九袁世凱自被言路彈論心不自安具疏辭兵權　先朝英明　手批允准而
世凱疑其爲軍機大臣瞿鴻禨所贊成也銜之刺骨適有御史趙啟霖參劾奕劻一案
啟霖湖南人也世凱微服入京謀之奕劻賄囑翰林院侍讀學士惲毓鼎以授意言官
等詞將瞿鴻禨劾去事實不待查覆奏疏不見發鈔我朝開國以來未有不顧紀綱不
畏清議倒行逆施如奕劻者是爲排斥異己大罪十奕劻積威既久天下靡然無論如
何援引親戚任用私人舉朝士夫不敢議論我　皇上沖年繼統　監國攝政王謙讓
爲懷往往　朝廷舉辦一事議論蠭起雖此等浮言是否爲奕劻黨人所暗播不可得
知然京外知有奕劻不知有　朝廷非一朝一夕之故矣是爲勢壓　君主大罪十一
古今中外治國之道不同無不審度財力詳察情勢酌定政策用奠邦基英之政不必
悉合於德德之政不必悉合於日本各審國勢民情求其法之能行行之有益而已奕
劻之當國也所定政策不度財力不察情勢聽任浮動少年欒聚袁世凱之門以日本
法制爲藍本任意獵襲挂一漏萬悉强吾國行之豫定年限以相督催疆吏不能行則
爲空文報政府政府亦自知其不能行則張皇敷衍以上欺　陛下下欺天下蒼生竭
全國之力爲無益之事　朝廷患其紛更無一實效可紀民人病其騷擾遂致生計日
艱奕劻老矣或不見他日禍發之烈獨惜　祖宗百計經營之天下竟敗壞於庸臣
之手不可收拾是爲失政誤國大罪十二奕劻既有十二大罪又有大奸足以濟之或

因外人之交涉或因國內之流言使其黨彼此相傳黑白易位臣工固不敢彈論雖以
陛下之聖明亦若非有奕劻從容坐鎮則中外必不能帖然者而不知使　陛下名
譽日頹人心日去一朝禍發貽　社稷之憂也臣讀宋史奸臣傳賈似道在理宗朝專
權納賄盤踞日久及度宗立以似道熟悉朝政且有定策功每一言及告身朝中大駭
手詔慰留且以太后命催視事軍國大政皆就決於私堂中外敕書悉撰擬於館客宰
相望風諫官鉗口文天祥等小忤意即屛斥不用內政外交惟似道一人是倚遂致正
人高蹈天下土崩敗國亡家爲萬世笑則貪庸之誤人宗社也甚矣唐太宗云以事爲
鑑可知興替以人爲鑑可知得失賈似道貪庸誤宋豈非千古之金鑑哉當斷不斷反
受其亂臣願　陛下念　祖　宗創業之艱思子孫貽謀之遠出自　英斷振此　乾
綱輕則罷奕劻之政權重則議奕劻之罪案使天下後世曉然於宮中府中俱爲一體
刑賞黜陟實無異同天下幸甚大局幸甚抑臣尤有請者政府貳天子以治天下爲天
下利害之所關即爲天下責備之所屬有功則賞有罪則罰賞罰能行故政治無誤若
以親貴任之賞罰有所不行政治必多闕失獨使天下人民身受政府之害而心怨君
主之不明遠近相傳紛然解體國本危險思之寒心故各國皇族不爲國務大臣正所
以尊崇皇室長保乂安也我　太祖天命七年　命皇子八人俱爲和碩貝勒共議國
政實爲王公參預政治之始次年　命八大臣副之未幾　特命費英東何和哩額亦
都扈爾漢安費揚古等五人爲佐理國政大臣輔　天子裁決庶政顯然於親貴之外
擇人輔相　太宗御宇釐定部院官制設內三院以爲行政總匯任是職者乃范文程

等滿漢各大臣王貝勒則統兵任征勦而已世祖入關統一中夏此後雖有議政王大
臣然其制多主議政非主行政也至　世宗設立軍機處不任親貴而任滿漢大臣
祖訓煌煌深得立憲國任用政府之意同光間　太后訓政任親貴以爲軍機大臣實
有不得已之苦心今幸我　孝欽顯皇后及　德宗景皇帝以大統付我　皇上繼承
中外大政悉由　監國攝政王裁決若再用親貴以爲政府此多頭政體未有不誤國
兆亂者孔子曰天無二日民無二王孟子曰定於一臣尤願　陛下深思立憲各國皇
室不當責任之制及我　列祖　列宗不用親貴爲軍機大臣之義釐定政府體制不
分滿漢不論階級但須志趣忠純學識明達者由　陛下親任責以成效有功則賞有
過則罰賞罰易行政治可日躋於美備此實我　國家億萬世之福也臣嶺嶠寒儒少
習章句乙未第進士書法本極惡劣　殿試錯五字讀卷者黏黃籤五條我　德宗景
皇帝以臣對策熟於　本朝掌故擢置上第遂入翰林當是時適值廣西匪亂臣上書
言匪黨蔓延良民荼毒根株不靖後患方多由掌院學士崑岡徐桐代奏我　德宗景
皇帝立採臣言摘去廣西巡撫黃槐森頂戴勒限肅清臣自此深感　聖主之知遇思
報涓埃於萬一不謂時事日艱一籌莫展側身臺諫報稱毫無近日　陛下諭臣衙門
恪遵　祖訓謹守臺規欽惟我　太宗設立都察院奉　上諭凡有政事背謬及貝勒
大臣有驕恣慢上貪酷不法無禮妄行者許都察院直言無隱即所奏涉虛亦不坐罪
儻知情蒙蔽以誤國論欽此　世祖入關又奉　上諭都察院爲朝廷耳目之官上至
諸王下至諸臣孰爲忠勤孰爲不忠勤及內外官員之勤惰各衙門政事之修廢皆令

讜言欽此　陛下以今日之時事較之　開國時爲何如奕劻之貪庸較之　開國時之王貝勒爲何如臣如不言不惟負　陛下且負　祖宗設立都察院之意用是不避斧鉞愷切直陳　陛下宸衷獨斷能去奕劻固爲美舉　陛下如以玆事體大必須斟酌請　明降諭旨將臣言令王公大學士部院大臣翰林給事中御史會議具奏若以臣言爲是則請罪奕劻以固我　朝億萬年之基若以臣言爲非亦請罪臣以謝奕劻臣不勝忠憤塡膺悚惶待　命之至伏乞　皇上聖鑒訓示謹　奏宣統二年二月三十日奉　旨留中欽此

湖南民變焚巡撫署

湖南大饑哀鴻徧野巡撫岑春蓂遣吏賑之吏措施失當民大憤恨聚數萬人攻巡撫署焚其外廓春蓂遁避派兵擊之衆始散尋免春蓂職

三年辛亥三月攝政王奪御史趙炳麟言職

炳麟知責任內閣將設立總理已定奕劻乃援順治時魏

象樞請留臺劾忠例疏云內閣將立王大臣權太重非有不避權貴之諫臣不能監察臣自問吏事實未諳惟彈劾親貴不畏強權臣尚能之請援魏象樞之例將臣京察一等記名道府及記名提學使一律取銷俾臣得安心諫垣糾察行政較一官一事裨益必多當是時廣西巡撫張鳴岐奏修桂全鐵路攝政王遂下詔開去炳麟御史本缺以四品京堂候補回籍辦理桂全鐵路故事候補京堂例能奏事又下詔以後凡候補京堂不准專摺奏事炳麟賦別臺詩即歸桂林詩云年來豪氣已銷磨六載臺垣一夢過檢點皂囊焚諫草消埃未報負恩多孔范同盟憶昔年扣鐶痛哭冀回天貞元舊侶紛紛散翹首觚稜倍惘然

組織責任內閣以慶親王奕劻爲總理那桐徐世昌副之
當是時貝勒溥倫爲資政院院長載澤載洵載濤善耆皆
任尚書陸軍部尚書鐵良與攝政王不合以廕昌易鐵良
政權財權兵權皆掌親貴之手漢大臣僅唐景崇爲學部
尚書盛宣懷爲郵傳部尚書而已

直隸等省人民溫世霖孫洪伊等請縮期立憲即開國會
世霖等以親貴當權言路阻塞爲詞上書請縮短籌備立
憲年限即日召集國會詔斥責之逮回原籍

民黨黃興趙聲等攻廣州督署
廣州鄰近香港水陸四達民黨以港爲根據初溫生才等

先後鎗擊廣州將軍孚琦及鳳山已蠢蠢思動至是黃興等倏攻總督署總督張鳴岐踰牆遁赴提督李準營麾兵擊之黃興敗遁獲興黨數十人殺之葬黃花崗

收鐵路爲國有

初中國鐵路分官辦商辦兩項至是以南北幹路關係國家交通悉收爲國有由國家統籌全局興辦免致築室道謀徒延歲月從郵傳部尚書盛宣懷之議也宣懷饒心計嘗創辦京漢鐵路及各巨埠輪船電報發起漢冶萍煤鐵各鑛大學士張之洞在時面保爲今之劉宴故攝政王及內閣信任之

湖南廣東浙江四川等省人民先後起抗鐵路國有

湘粵浙川等省以鐵路國有人民損失太巨羣起抗議湘粵浙尋漸平四川民憤尤激聚數萬人圍督署捧德宗上諭要求總督將輿情代奏總督趙爾豐密電請方略內閣令堅持之并下詔分別剿撫

八月民軍起武昌湖北總督瑞澂遁

民黨自廣州失敗後以武昌當南北之中謀於此處起事會爲湖北官吏偵知派警搜緝之得黨人彭楚藩劉汝夔等三十一名及民黨名册鄂新軍多列名先是黨人以軍人不知革命則事終不就故於日本士官學校輸入革命

理想留學回國者多革命黨人分布各省凡教練所武備學校陸軍學校尤講演此義造因已熟而內閣尅期汰舊營增新鎮羽翼愈豐滿至是鄂新軍以名册被獲懼禍急張彪所統工程隊變據楚望臺佔軍械局砲隊馬隊應之以砲擊督署總督瑞澂紈褲無膽識賴爲載澤戚薦擢至兼圻聞砲倉皇遁倭兵船張彪亦未諳軍旅昔大學士張之洞有寵婢配彪援倚得統制變起狼狽失措未幾鄂新軍全部響應始分兵據漢陽兵工廠布壘劉智廟等處備敵

命陸軍部尚書廕昌督師攻武昌民軍舉黎元洪爲湖北都督

湯化龍參軍事

民軍倉卒起事無所主宰廕昌拜督師之命遷延數日不敢出京門尋調馮國璋段祺瑞兩鎭往攻廕昌始赴彰德就袁世凱問策並請其出山民軍得以其閒暇舉協統黎元洪爲鄂軍都督引諮議局議長湯化龍參軍事諮議局先有各省聯合會化龍爲通電告知各省諮議局以聯絡內部通牒漢口各國領事以應付外交訂軍事政事各條文以保持秩序自是交戰團體之勢成矣

起袁世凱爲督師

世凱自彰德赴武昌視師國璋祺瑞皆世凱北洋舊部奉

令惟謹

海軍降民軍海軍總司令薩鎮冰遁

民軍起湖南巡撫余誠格遁提督黃忠浩死之

民軍起雲南貴州總督李經羲遁

民軍起浙江巡撫程德全降

民軍起山西巡撫陸鍾琦全家死之

民軍起廣西巡撫沈秉堃降

民軍起江西巡撫馮汝騤死之

民軍起福建總督松壽將軍樸壽死之

民軍起陝西巡撫錢能訓被幽起升允爲陝西巡撫升允赴甘肅馬安良營請兵與

陝西都督張鳳翽戰敗之翽退出潼關後幼帝退位以　隆裕太后手詔罷兵

命袁世凱爲內閣總理奕劻爲弼德院長

馮國璋敗民軍於漢陽袁世凱令罷兵

浙軍都督程德全攻南京取之

內閣總理袁世凱派唐紹儀與民軍代表伍廷芳議和於上海

攝政王始告廟宣布十九信條與民更始

武昌事起各省響應近畿軍帥張紹曾吳祿貞等亦變嗣祿貞雖被刺而紹曾逼京師唱言實行立憲可解兵攝政王乃告廟立誓宣布信條誓詞云維宣統三年十月六日監國攝政王載灃攝行祀事謹告諸先帝之靈曰惟我太祖高皇帝以來列祖列宗貽謀宏遠迄今垂三百年矣溥儀繼承大統用人行政諸所未宜以致上下睽違民情難達旬日之間寰宇紛擾深恐顛覆我累世相傳之統緒茲經資

政院會議廣採列邦最良憲法依親貴不與政事之規制先裁決重大信條十九條其餘緊急事項一律記入憲法迅速編纂且速開國會以確定立憲政體敢誓於我列祖列宗之前

第二軍統制段祺瑞投書要幼帝退位

北洋將領以馮國璋王士珍段祺瑞爲三雄馮王只持忠君之義段則心醉共和之旨所見不合至是段引兵北歸投書淸廷主張　幼帝遜位以順人心　第一書云內閣軍諮陸軍並各王大臣鈞鑒爲痛陳利害懇請立定共和政體以鞏皇位而奠大局謹請代奏事竊維停戰以來議和兩月傳聞宮廷俯鑒輿情已定議立改共和政體其皇室尊榮及滿蒙回藏生計權限各條件曰大淸皇帝永傳不廢曰優定大淸皇帝歲俸不得少於四百萬兩曰籌定八旗生計蠲除滿蒙回藏一切限制曰滿蒙回藏與漢人一律平等曰王公世爵槪仍其舊曰保護一切私產民軍代表伍廷芳承認列於正式公文交萬國平和會立案云云電馳報紙海宇聞風率土臣民罔不額手稱慶以爲事機至順皇位從此永保結果之良軼

越古今實國家無疆之休也想望懿旨不遑朝夜乃聞爲輔國公載澤恭親王溥偉等一二親貴所阨事遂中沮政體仍待國會公決祺瑞自應力修戰備靜候新政之成惟念事變以來累次懿旨莫不軫念民依惟國利民福是求惟塗炭生靈是懼既頒十九信條誓之太廟又允召集國會政體付之公決又見民爲國本宮廷洞鑒具徵民視民聽之所在決不難降心相從茲既一再停戰民軍仍堅持不下恐決難待國會之集姑無論牽延數月有兵潰民亂盜賊蠭起之憂寰宇糜爛必無完土瓜分慘禍迫在目前即此停戰兩月間民軍籌餉增兵布滿各境我軍皆無後援力太單弱加以兼顧數路勢益孤危彼則到處勾結土匪勒捐助餉四出煽擾散布誘惑且於山東之煙台安徽之潁壽境界江北之徐州以南河南之光山商城固始湖北之應城襄樊棗陽等處均已分兵前逼而我皆困守一隅寸籌莫展彼進一步則我之東皖豫即不自保雖祺瑞等公貞自勵死生敢保無他而餉源告匱兵氣動搖大勢所趨將心不固一旦決裂何所恃以爲戰深恐喪師之後宗社隨傾彼時皇室尊榮宗藩生計必均難求滿志即以南北分立勉强支持而以人心論則西北騷動形既內潰以地理論則江海盡失勢成坐亡祺瑞等治軍無狀一死何惜特捐軀自効徒殉愚忠而君國永淪追悔何及甚非所以報知遇之恩也況召集國會之後所公決者尚不知爲何項政體而默察人心趨嚮恐仍不免出於共和之一途彼時萬難反汗是徒以數月水火之患貽害民生何如預行裁定示天下以至公使食毛踐土之倫歌舞聖明零涕感激咸謂唐虞至治今古同揆不亦偉哉祺瑞受國厚恩何敢不以大局爲念故敢比較利害冒死陳言懇請渙

汗大號明降諭旨宣示中外立定共和政體以現在內閣及國務大臣等暫時代表政府擔任條約國債及交涉未完各事項再行召集國會組織共和政府俾中外人民咸與維新以期安奠羣生速復地方秩序然後振刷民氣力圖自强中國前途實爲幸甚不勝激切待命之至謹請代奏段祺瑞等叩第二書云共和國體原以致君於堯舜拯民於水火乃因二三王公迭次阻撓以至恩旨不頒萬民受困現在全局危迫四面楚歌潁州則淪陷於革軍徐州則小勝而大敗革艦由奉天中立地登岸日人則許之登州黃縣獨立之影響蔓延於全魯而且京津兩地暗殺之黨林立稍疏防範禍變即生是陷九廟兩宮於危險之地此皆二三王公之咎也三年以來皇族之敗壞大局罪難髮數事至今日乃並皇太后皇上欲求一安富尊榮之典四萬萬人欲求一生活之路而不見允祖宗有知能不恫乎蓋國體一日不决則百姓之困兵燹凍餓死於非命者日何啻數萬瑞等不忍宇內有此敗類也豈敢坐視乘輿之危而不救乎謹率全軍將士入京與王公痛陳利害祖宗神明實式憑之揮淚登車昧死上達請代奏段祺瑞等叩

禁衛軍會辦大臣良弼死國難

良弼游學日本習軍事學雖用人抑遏漢族論者詆其失

當而強毅有胆略世凱深畏之世凱本欲以共和倒皇室而已得潛移神器其他旗籍皆易與獨㢮游說親貴間屢阻大計民黨亦恐亘㢮不死共和詔不下事機難知蜀人彭家珍懷炸彈赴㢮宅擊之中股醫者戒勿躁怒靜養可愈㢮聞國事日亟憤甚血流不止遂死㢮慨然曰武臣死國難分也特不死於疆埸而死於門闥爲遺恨耳

攝政王載灃退位

幼帝退位　隆裕太后懿旨組織共和政府

太監小德張者　隆裕太后所親信嗜利營私是時贊成共和之詔不下世凱以亘款賄小德張及奕劻等始下

懿旨命世凱爲全權大臣組織共和政府　幼帝退位另訂優待條件保全皇室

諭旨云朕欽奉隆裕皇太后懿旨前因民軍起事各省響應九夏沸騰生靈塗炭特命袁世凱遣員與民軍代表討論大局議開國會公決政體兩月以來尙無確當辦法南北睽隔彼此相持商輟於途士露於野徒以國體一日不決故民生一日不安今全國人民心理多傾向共和南中各省既倡議於前北方各將亦主張於後人心所向天命可知予亦何忍以一姓之尊榮拂兆人之好惡是用外觀大勢內審輿情特率皇帝將統治權公諸全國定爲共和立憲國體近慰海內厭亂望治之心遠協古聖天下爲公之義袁世凱前經資政院選舉爲總理大臣當茲新舊代謝之際宜有南北統一之方即由袁世凱組織臨時共和政府與民軍協商統一辦法總期人民安堵海內乂安仍合漢滿蒙回藏五族完全領土爲一大中華民國予與皇帝得以退處寬閑優游歲月長受國民之優禮親見郅治之告成豈不懿歟欽此　又諭旨云欽奉隆裕太后懿旨前以大局阽危兆民困苦特飭內閣與民軍商酌優待皇室各條件以期和平解決茲據復奏民軍所開優待條件於宗廟陵寢永遠奉祀先皇陵制如舊妥修各節均已一律擔承皇帝但卸政權不廢尊號並議定優待皇室八條待遇滿蒙回藏七條覽奏尙屬周到特行宣示皇族暨滿蒙回藏人等此後務當化除畛域共保治安重睹世界之昇平胥享共和之幸福予實有厚望焉欽此　又諭旨云朕欽奉隆裕皇太后懿旨古之君天下者

重在保全民命不忍以養人者害人現在新定國體無非欲先弭大亂期保乂安若拂逆多數之民心重啟無窮之戰禍則大局決裂殘殺相尋勢必演至種族之慘痛將至九廟震驚兆民荼毒後禍何忍復言兩害相形惟取其輕者正朝廷審時觀變痌瘝吾民之苦衷爾京外臣民務當善體此意爲全局熟籌利害勿得挾虛憍之意氣逞偏激之空言致國與民兩受其禍著民政部步軍統領姜桂題馮國璋等嚴密防範剴切開導俾皆曉然於朝廷應天順人大公無私之意至國家設官分職以爲民極內列閣府部院外建督撫司道所以康保羣黎非爲一人一家而設爾京外大小各官均宜慨念時艱愼供職守應即責成各長官敦切勸誡毋曠職守用副夙昔愛撫庶民之至意欽此

宣統大事鑑正誤表

冊別	頁數	行數	字數	誤	正
卷一	四	九	之福二字下	音	晉
	五	十五	一也二字下	日	且

彙呈朱子論治本各疏

趙柏巖集
湘潭趙啟霖署檢

彙呈朱子論治本各疏

115946
THE LIBRARY OF NATIONAL KWANGSI UNIVERSITY CHINA
國立廣西大學圖書館

彙呈朱子論治本各疏　掌京畿道監察御史臣趙炳麟跪
奏爲彙呈宋臣朱熹論治本各疏以祈
乙覽而裨治理恭摺仰祈
聖鑒事竊臣於光緒三十三年十月初三日奏請勤求
帝學仰蒙
兩宮採納令孫家鼐等逐日進講我
皇太后
皇上睿智淵深
宸衷冲挹臣迂陋小儒何足窺見萬一然有
君如此臣冀其媲治於唐虞三代之隆以彊吾國而救吾民此

志未敢一日去諸懷抱者也　臣　觀後世奏疏惟宋臣朱熹述帝
王之治理極其精微論亂亡之陋習極其沈慟熹嘗望其君以
勤求上理力挽末流乃其君不能用後數百年至我
聖祖仁皇帝一切用人行政無不由於朱熹之學說咸豐間倭
仁曾國藩諸臣亦以其學事
文宗戡平大難　臣　考朱熹論治要領不外振綱紀厲風俗嚴賞
罰辨是非肅宮闈杜賄賂之數者必人君學識進於明强而後
萬事萬物之來如影在鑑毫髮莫遁以此進退臣工督責功過
曷事不舉曷令不行故人君之一心又為萬政之本也　臣　不揣
檮昧謹將朱熹奏疏關係治本者節其要而擇其精彙輯為書

恭呈
御覽不過萬數千言而法戒備於此矣惟
聖明留心省察天下幸甚伏乞
皇太后
皇上聖鑒光緒三十四年二月二十七日奉
旨書留覽欽此

趙柏巖

宋臣朱熹論治本疏

臣趙炳麟敬編

壬午應詔封事

臣聞之堯舜禹之相授也其言曰人心惟危道心惟微惟精惟一允執厥中夫堯舜禹皆大聖人也生而知之宜無事於學矣而猶曰精猶曰一猶曰執者明雖生而知之亦資學以成之也陛下聖德純茂同符古聖生而知之臣所不得而窺也然竊聞之道路陛下毓德之初親御簡策衡石之程不過諷誦文辭吟咏性情而已比年以來聖心獨詣欲求大道之要又頗留意於老子釋氏之書疏遠傳聞未知信否然私獨以爲若果如此則非所以奉承天錫神聖之資而躋之堯舜之盛者也蓋記誦華

藻非所以探淵源而出治道虛無寂滅非所以貫本末而立大中是以古者聖帝明王之學必將格物致知以極夫事物之變使事物之過乎前者義理所存纖微畢照瞭然乎心目之間不容毫髮之隱則自然意誠心正而所以應天下之務者若數一二辨黑白矣苟惟不學與學焉而不主乎此則內外本末顛倒繆戾雖有聰明睿智之資孝友恭儉之德而智不足以明善識不足以窮理終亦無補乎天下之治亂矣然則人君之學與不學所學之正與不正在乎方寸之間而天下國家之治不治見乎彼者如此其大所繫豈淺淺哉易所謂差之毫釐繆以千里此類之謂也蓋致知格物者堯舜所謂精一也正心誠意者堯

THE LIBRARY OF NATIONAL KWANGSI UNIVERSITY CHINA
國立廣西大學圖書館
115945

舜所謂執中也自古聖人口授心傳而見於行事者惟此而已至於孔子集厥大成然進而不得其位以施之天下故退而筆之以爲六經以示後世之爲天下國家者於其間語其本末終始先後之序尤詳且明者則今見於戴氏之記所謂大學篇者是也故承議郎程顥與其弟崇政殿說書頤近世大儒實得孔孟以來不傳之學皆以爲此篇乃孔氏遺書學者所當先務誠至論也臣愚伏願陛下捐去舊習無用浮華之文擯斥似是而非邪詖之說少留聖意於此遺經延訪眞儒深明厥旨者置諸左右以備顧問研究充擴務於至精至一之地而知天下國家之所以治者不出乎此然後知體用之一原顯微之無間而獨

得乎堯舜禹湯文武周公孔子之所傳矣於是考之以六經之文監之以歷代之迹會之於心以應當世無窮之變以陛下之明聖而所以浚其源輔其志者如此其備則其所至豈臣愚昧所能量哉然臣非知道者凡此所陳特其所聞於師友之梗概端緒而已陛下由是講學而自得之則必有非臣之言所能及者惟陛下深留聖意毋忽則天下幸甚

臣炳麟謹案朱子論帝王之學集大成者推孔子孔子之遺書當先務者爲大學是以昔人比之君天下者之律令格例眞德秀輯古來治亂得失爲大學衍義卽朱子所謂考之以六經之文監之以歷代之迹是也人君誠能會之於心以應當世無窮

之變其用人行政何患不三代同風哉
四海之利病臣則以爲繫於斯民之戚休斯民之戚休臣則以
爲繫乎守令之賢否然而監司者守令之綱也朝廷者監司之
本也欲斯民之皆得其所本原之地亦在乎朝廷而已陛下以
爲今日之監司姦贓狼籍肆虐以病民者誰則非宰執臺諫之
親舊賓客乎其既失陛下勢者既按見其交私之狀而斥去之
矣尙在勢者豈無其人顧陛下無自而知之耳然則某事之利
爲民之休某事之病爲民之戚陛下雖欲聞之亦誰與奉承而
致諸民哉臣以爲惟以正朝廷爲先務則其患可不日而自革
而陛下似亦有意乎此矣蓋前日所號召數君子者皆天下所

謂忠臣賢士也所以正朝廷之具豈有大於此者哉然其才之所長者不同則任之所宜者亦異願陛下於其大者使之贊元經體以亮天工於其細者使之居官任職以熙庶績能外事者使任典戎幹方之責明治體者使備拾遺補過之官又使之各舉所知布之列位以共圖天下之事使疏而賢者雖遠不遺親而否者雖邇必棄毋主先入以致偏聽獨任之譏毋篤私恩以犯示人不廣之戒進退取舍惟公論之所在是稽則朝廷正而內外遠近莫敢不一於正矣監司得其人而後列郡之得失可得而知郡守得其人而後屬縣之治否可得而察重其任以責其成舉其善而懲其惡夫如是則事之所謂利民之所謂休將

無所不擧事之所謂病民之所謂戚將無所不除又何足以勞
聖慮哉苟惟不然而切切然今日降一詔明日行一事欲以惠
民而適增其擾者有之欲以興利而益重其害者有之紛紜叢
脞既非君道所宜宣布奉行徒爲觀聽之美而已則亦何補之
有況今旱蝗四起民食將乏圖所以寬賦役備賑贍業流逋銷
盜賊之計尤在於守令之得其人而其本原之地則又有在願
陛下深留聖意毋忽則天下幸甚

臣炳麟謹案人君整理庶政貴有知人之明欲有知人之明必
須廓然大公無一毫之私擾其心志我
聖祖見李之芳不避權貴知其能爲良將我

文宗見曾國藩克襄君德知其能爲良相可見
列聖用人無時不注
聖意此正朱子所謂進退取舍公論是稽者也反是一切用人
之權聽之大臣今日簡一要職則大臣之親舊也明日擢一高
官則大臣之賓客也國家無政黨大臣有私黨官吏各自爲計
因循驕奢於其上民人無以聊生顛連困苦於其下朱子所謂
欲以惠民而適增其擾者有之欲以興利而益重其害者有之
可不慎哉

庚子應詔封事

今將帥之選率皆膏粱騃子厮役凡流徒以趨走應對爲能苞

苴結託爲事物望素輕旣不爲軍士所服而其所以得此差遣所費已是不貲以故到軍之日惟務裒斂刻剝經營賈販百種搜羅以償債負債負旣足則又別生希望愈肆誅求蓋上所以奉權貴而求陞擢下所以飾子女而快己私皆於此乎取之至於招收簡閱訓習撫摩凡軍中之急務往往皆不暇及軍士旣已困於刻剝苦於役使而其有能者又不見優異無能者或反見親寵怨怒鬱積無所伸訴平時旣皆悍然有不服之心一旦緩急何由可恃至於軍中子弟亦有素習弓馬諳曉戰陣者例皆不肯就本軍投募而朝廷反爲之分責州郡枉費錢物拖拽短小生疏無用之人以補軍額凡此數端本末巨細無不乖錯

而所謂將帥者私欲飽滿鑽研有效則又可以束裝問塗而望他軍之積以爲己資矣故近歲以來管軍臣僚遷代之速至有一歲而再易者是則不惟軍中利病無由究知冗兵浮食日益猥衆而此人之所盜竊破費與夫送故迎新百色支用已不知其幾何矣至於總餽輸之任者亦皆負倚幽陰交通賄賂其所程督驅催東南數十州之脂膏骨髓名爲供軍而輦載以輸於權倖之門者不可以數計若乃屯田民兵二事又特爲誕謾小人竊取官職之資而未聞其有絲毫尺寸可見之效凡此數弊天下之人孰不知之而任事之臣略不敢一言以告陛下惟務迫趣州縣使之急征横賦戕伐邦本而其所以欺陛下者則曰

如是而國可富如是而兵可强陛下亦聞其說之可喜而未究其實往往誤加奬寵畀以事權是以比年以來此輩類皆高官厚祿志滿氣得而生民日益困苦無復聊賴草茅有識之士相與私議竊歎以爲莫大之禍必至之憂近在朝夕顧獨陛下未之知耳

臣炳麟謹案此段言主兵者專尙應酬交通賄賂卒至耗盡民膏而釀莫大之禍時無論古今地無論中外苟有是弊兵未有可用者也昔先哲王欲得忠勇之將必求廉直之儒其用意深矣

至於所謂其本在於正心術以立紀綱者則非臣職之所當及

然天下萬事之根本源流有在於是雖欲避而不言有不可得者且臣頃於隆興初元誤蒙召對蓋已略陳其梗概矣今請昧死復爲陛下畢其說焉夫所謂綱者猶網之有綱也所謂紀者猶絲之有紀也網無綱則不能以自張絲無紀則不能以自理故一家則有一家之綱紀一國則有一國之綱紀若乃鄉總於縣縣總於州州總於諸路諸路總於臺省臺省總於宰相而宰相兼統衆職以與天子相可否而出政令此則天下之綱紀也然而綱紀不能以自立必人主之心術公平正大無偏黨反側之私然後綱紀有所繫而立君心不能以自正必親賢臣遠小人講明義理之歸閉塞私邪之路然後乃可得而正也古先聖

王所以立師傅之官設賓友之位置諫諍之職凡以先後慫慂
左右維持惟恐此心頃刻之間或失其正而已原其所以然者
誠以天下之本在是一有不正則天下萬事將無一物得其正
者故不得而不謹也今天下之事如前所陳亦可見矣陛下欲
恤民則民生日蹙欲理財則財用日匱欲治軍則軍政日紊欲
恢復土宇則未能北向以取中原尺寸之土欲報雪讎恥則未
能係單于之頸而飲月氏之頭也此其故何哉宰相臺省師傅
賓友諫諍之臣皆失其職而陛下所與親密所與謀議者不過
一二近習之臣也此一二小人者上則蠱惑陛下之心志使陛
下不信先王之大道而悅於功利之卑說不樂莊士之讜言而

安於私瞀之鄙態下則招集天下士大夫之嗜利無恥者文武彙分各入其門所喜則陰爲引援擢寘淸顯所惡則密行訾毁公肆擠排交通貨賂則所盜者皆陛下之財命卿置將則所竊者皆陛下之柄雖陛下所謂宰相師保賓友諫諍之臣或反出入其門牆承望其風旨其幸能自立者亦不過齪齪自守而未嘗敢一言以斥之其甚畏公論者乃略能驚逐其徒黨之一二既不能深有所傷而終亦不敢明言以擣其囊槖巢窟之所在勢成威立中外靡然向之使陛下之號令黜陟不復出於朝廷而出於此一二人之門名爲陛下之獨斷而實此一二人者陰執其柄蓋其所壞非獨壞陛下之綱紀而已乃并與陛下所以

立綱紀者而壞之使天下之忠臣賢士深憂永歎不樂其生而貪利無恥敢於爲惡之人四面紛然攘袂而起以求逞其所欲然則民又安可得而恤財又安可得而理軍政何自而修土宇何自而復而宗廟之讎恥又何時而可雪耶

辛丑延和奏劄

天下之治固必出於一人而天下之事則有非一人所能獨任者是以人君既正其心誠其意於堂阼之上突奧之中而必深求天下敦厚誠實剛明公正之賢以爲輔相使之博選士大夫之聰明達理直諒敢言忠信廉節足以有爲有守者隨其器能置之列位使之交修衆職以上輔君德下固邦本而左右私褻

使令之賤無得以奸其間者有功則久其任不稱則更求賢者而易之蓋其人可退而其位不可以苟充其人可廢而其任不可以輕奪此天理之當然而不可易者也人君察於此理而不敢以一毫私意參於其間則其心廓然大公儼然至正泰然行其所無事而坐收百官衆職之成功一或反是則爲人欲私意之病其偏黨反側黮闇猜嫌固日擾擾乎方寸之間而姦僞讒慝叢脞眩瞀又將有不可勝言者此亦理之必然也

臣炳麟謹案朱子論任相之道不外選之精任之重蓋必如是而後責任有歸功効可見其論精選之法則曰不求其可喜而求其可畏不求其能適吾意而求其能輔吾德不爲近習一時

之計而爲生民萬世之計宰相得其人拔茅連茹物以類聚賢者在位能者在職不下堂階而天下治矣倘徇一己之私而昧天下之公偏黨反側生於其心姦僞讒慝乘間而起南宋之末宰相如史彌遠賈似道之徒何嘗不久攬大權廣招己黨而卒至敗國亡家爲萬世笑者何哉人君心有不公則選必不精選之不精任重適足以速禍也

戊申封事

臣之輒以陛下之心爲天下之大本者何也天下之事千變萬化其端無窮而無一不本於人主之心者此自然之理也故人主之心正則天下之事無一不出於正人主之心不正則天下

之事無一得由於正蓋不惟其賞之所勸刑之所威各隨所向勢有不能已者而其觀感之間風動神速又有甚焉是以人主以渺然之身居深宮之中其心之邪正若不可得而窺者而其符驗之著於外者常若十目所視十手所指而不可掩此大舜所以有惟精惟一之戒孔子所以有克己復禮之云皆所以正吾此心而爲天下萬事之本也此心既正則視明聽聰周旋中禮而身無不正是以所行無過不及而能執其中雖以天下之大而無一人不歸吾之仁者

臣謹按尚書舜告禹曰人心惟危道心惟微惟精惟一允執厥中夫心之虛靈知覺一而已矣而以爲有人心道心之別者何哉蓋以其或生於形氣之私或原於性命之正而所以爲知覺者不同是以或危殆而不安或精微而難見耳然人莫不有是形故雖上智不能無人心亦莫不有是性故雖下愚不能無道心二者雜於方寸之間而不知所以治之則危者愈危微者愈微而天理之公卒無以勝乎人欲之私矣精則察夫二者之間而不雜也一則守其本心之正而不

離也從事於斯無少閒斷必使道心常爲一身之主而人心每聽命焉則危者安微者著而動靜云爲自無過不及之差矣又按論語顏淵問仁子曰克己復禮爲仁一日克己復禮天下歸仁焉爲仁由己而由人乎哉夫仁者本心之全德也己者一身之私欲也禮者天理之節文也蓋人心之全德莫非天理之所爲然既有是身則亦不能無人欲之私以害焉故爲仁者必有以勝其私欲而復於禮則事皆天理而本心之德復全於我也心德既全則雖以天下之大而無一人不歸吾之仁者然其機則固在我而不在人也日日克之不以爲難則私欲淨盡天理流行而仁不可勝用矣此大舜孔子之言而臣輒妄論其所以用力之方如此伏乞聖照

然邪正之驗著於外者莫先於家人而次及於左右然後有以達於朝廷而及於天下焉若宮闈之內端莊齊肅后妃有關雎之德後宮無盛色之譏貫魚順序而無一人敢恃恩私以亂典常納賄賂而行請謁此則家之正也退朝之後從容燕息貴戚近臣攜僕奄尹陪侍左右各恭其職而上憚不惡之嚴下謹戴盆之戒無一人敢通內外竊威福招權市寵以紊朝政此則左右之正也內自禁省外徹朝廷二

者之間洞然無有毫髮私邪之間然後發號施令羣聽不疑進賢退姦衆志咸服紀綱得以振而無侵撓之患政事得以修而無阿私之失此所以朝廷百官六軍萬民無敢不出於正而治道畢也心一不正則是數者固無從而得其正是數者一有不正而曰心正則亦安有是理哉是以古先聖王兢兢業業持守此心雖在紛華波動之中幽獨得肆之地而所以精之一之克之復之如對神明如臨淵谷未嘗敢有須臾之怠然猶恐其隱微之間或有差失而不自知也是以建師保之官以自開明列諫諍之職以自規正而凡其飲食酒漿衣服次舍器用財賄與夫宦官宮妾之政無一不領於冢宰之官使其左右前後一動

一靜無不制以有司之法而無纖芥之隙瞬息之頃得以隱其毫髮之私蓋雖以一人之尊深居九重之邃而懍然常若立乎宗廟之中朝廷之上此先王之治所以由內及外自微至著精粹純白無少瑕翳而其遺風餘烈猶可以爲後世法程也臣竊見周禮天官冢宰一篇乃周公輔導成王垂法後世用意最深切處欲知三代人主正心誠意之學於此考之可見其實伏乞聖照陛下試以是而思之吾之所以精一克復而持守其心者果嘗有如此之功乎所以修身齊家而正其左右者果嘗有如此之效乎宮省事禁臣固有不得而知者然不見其形而視其影不覩其內而占其外則爵賞之濫貨賂之流閭巷竊言久已不勝其籍籍矣臣竊以是窺之則陛下之所以修之家者恐其未有以及古之聖王也

私之得名何爲也哉據己分之所獨有而不得以通乎其外之稱也故自匹夫而言則以一家爲私而不得以通乎其鄉自鄉人而言則以一鄉爲私而不得以通乎其國自諸侯而言則以一國爲私而不得以通乎天下至於天子則際天子所覆極地之所載莫非己分之所有而無外之不通矣又何以私爲哉今以不能勝其一念之邪而至於有私心以不能正其家人近習之故而至於有私人以私心用私人則不能無私費於是內損經費之入外納羡餘之獻而至於有私財陛下上爲皇天之所子全付所覆使其無有私而不公之處其所以與我者亦不細矣乃不能充其大而自爲割裂以狹小之使天下萬事之弊莫

不由此而出是豈不可惜也哉臣竊聞太祖皇帝改營大內既成躬御正殿洞開重門顧謂侍臣曰此如我心少有邪曲人皆見之臣竊謂太祖皇帝不爲文字言語之學而其方寸之地正大光明直與堯舜之心如合符節此其所以肇造區夏而垂裕無疆也伏惟陛下遠稽前聖而近以皇祖之訓爲法則一心克正而遠近莫敢不一於正矣伏乞聖照 若以時勢之利害言之則天下之勢合則彊分則弱故諸葛亮之告其君曰宮中府中俱爲一體陟罰臧否不宜異同若有作姦犯科及爲忠善者宜付有司論其刑賞以昭陛下平明之理不宜偏私使內外異法也當是之時昭烈父子以區區之蜀抗衡天下十分之九規取中原以興漢室以亮忠智爲之深謀而其策不過如此可謂深知時務之要而暗合乎先王之法矣夫以蜀之小而於其中又以公私自分彼此如兩國然則是將以梁益之半圖吳魏之全又且內小人而外君子廢

法令而保姦回使內之所出者日有以賊乎外公之所立者常不足以勝乎私則是此兩國者又自相攻而其內之私者常勝外之公者常負也外有鄰敵之虞內有陰邪之寇日夜夾攻而不置爲國家者亦已危矣夫以義理言之旣如彼以利害言之又如此則今日之事如不蚤正臣恐陛下之心雖勞於求賢而一有所妨乎此則賢人必不得用而所用者皆庸繆憸巧之人雖勤於立政而一有所礙乎此則善政必不得立而所行者皆阿私苟且之政日往月來養成禍本而貽燕之謀未遠輔相之職不修紀綱壞於上風俗壞於下民愁兵怨國勢日卑一旦猝有不虞臣竊寒心不知陛下何以善其後也然則臣之所謂天

下大本惟在陛下之一心者可不汲汲皇皇而求有以正之哉
臣炳麟謹案春秋左氏傳曰國家之敗由官邪也官之失德寵賂章也人君欲儆官邪必自杜塞寵賂始大學極言生財之大道各國財政家莫能外其範圍然必切切以財聚民散及以身發財爲戒蓋人君爲天下生財不宜爲一己聚財是故一夫之失所一民之失業王者必引爲己責務使野無游民地無遺利樂歲終身飽凶年免於死亡然後謹庠序之教申孝弟之義所以治成於上而俗善於下至於宮闈之內一貢一獻不欲妄納恐其開官邪之門速國家之敗也反是宮闈之內妄受貢獻上有好者下必甚焉賄賂通行莫可究詰唐之末造至以貢獻之

輕重定爵賞之高下宰執以賄賂媚天子藩鎭以賄賂媚宰執視法令爲弁髦以禮義爲桎梏遂至皇綱解紐天下土崩南宋之時又復坐此其源皆由人主欲有私財不得不用私人而天下萬事之弊皆由此出朱子所以大聲疾呼爲其君深戒也至於選任大臣之說則臣前所謂勞於求賢而賢人不得用者蓋已發其端矣夫以陛下之聰明豈不知天下之事必得剛明公正之人而後可任也哉其所以常不得如此之人而反容鄙夫之竊位者非有他也直以一念之間未能撤其私邪之蔽而燕私之好便嬖之流不能盡由於法度若用剛明公正之人以爲輔相則恐其有以妨吾之事害吾之人而不得肆是以選掄

之際常先排擯此等置之度外而後取凡疲懦軟熟平日不敢
直言正色之人而揣摩之又於其中得其至庸極陋決可保其
不至於有所妨者然後擧而加之於位是以除書未出而其物
色先定姓名未顯而中外已逆知其決非天下之第一流矣故
以陛下之英明剛斷略不世出而所取以自輔者未嘗有如汲
黯魏徵之比顧嘗反得如秦檜晩年之執政臺諫者而用之彼
以人臣竊國柄而畏忠言之悟主以發其姦也故專取此流以
塞賢路蔽主心乃其勢之不得已者陛下尊居宸極威福自己
亦何賴於此輩而乃與之共天下之政以自蔽其聰明自壞其
綱紀而使天下受其弊哉夫其所以取之者如此故其選之不

得而精選之不精故任之不得而重任之不重則彼之所以自任者亦輕夫以至庸之材當至輕之任則雖名爲大臣而其實不過供給唯諾奉行文書以求不失其窠坐資級如吏卒之爲而已求其有以輔聖德修朝政而振紀綱不待智者而知其必不能也下此一等則惟有作姦欺植黨與納貨賂以濁亂陛下之朝廷耳其尤甚者乃至十有餘年而後敗露以去然其列布於後以希次補者又已不過此等人矣蓋自其爲臺諫爲侍從而其選已如此其後又擇其尤碌碌者而登用之則亦無怪乎陛下常不得天下之賢才而屬任之也然方用之之初亦曰姑欲其無所害於吾之私而已夫豈知其所以害夫天下之公者

乃至於此哉陛下試反是心以求之則庶幾乎得之矣蓋不求其可喜而求其可畏不求其能適吾意而求其能輔吾德不憂其自任之不重而常恐吾所以任之者之未重不爲燕私近習一時之計而爲宗社生靈萬世無窮之計陛下誠以此取之以此任之而猶曰不得其人則臣不信也

至於振肅紀綱變化風俗之說則臣前所謂勤於立政而善政卒不得立者亦已發其端矣夫以陛下之心憂勤願治不爲不至豈不欲夫綱維之振風俗之美哉但以一念之間未能去其私邪之蔽是以朝廷之上忠邪雜進刑賞不分士夫之間志趣卑汙廉恥廢壞顧猶以爲事理之當然而不思有以振厲矯革

之也蓋明於內然後有以齊乎外無諸己而後可以非諸人今宮省之間禁密之地而天下不公之道不正之人顧乃得以窟穴盤據於其間而陛下目見耳聞無非不公不正之事則其所以薰蒸銷鑠使陛下好善之心不著疾惡之意不深其害已有不可勝言者矣及其作姦犯法則陛下又未能深割私愛而付諸外廷之議論以有司之法是以紀綱不能無所撓敗而所以施諸外者亦因是而不欲深切究之且如頃年方伯連帥嘗以有贓汙不法聞者矣鞫治未竟而已有與郡之命及臺臣有言則遂與之祠祿而理爲自陳至於其所藏匿作過之人則又不復逮捕付獄名爲降官而實以解散其事此雖宰相曲庇鄉黨

以欺陛下然臣竊意陛下非全然不悟其欺者意必以爲人情各有所私我既欲遂我之私則彼亦欲遂彼之私君臣之間顏情稔熟則其勢不得不少容之且以爲雖或如此亦未至甚害於事而不知其敗壞綱紀使中外聞之腹非巷議皆有輕侮朝廷之心姦贓之吏則皆鼓舞相賀不復畏陛下之法令則亦非細故也又如廷臣爭議配享其間邪正曲直固有所在則兩無所問而并去之監司挾私以誣郡守則不問其曲直而兩皆罷免監司使酒以陵郡守亦不問其曲直而兩皆與祠宰相植黨營私孤負任使則曲加保全而使之去臺諫懷其私恩陰拱不言而陛下亦不之問也其有初自小官擢爲臺諫三四年間趨

和承意不能建明一事則年除歲遷至極其選一日論及一二武臣罪惡則便斥爲郡守而不與職名從臣近典東畿遠帥西蜀一遭飛語則體究具析無所不至及究析來上而所聞不實則言之者晏然一無所訶山陵諸使鬻賣辟闕煩擾吏民御史有言亦無所遣而或反得超遷御史言及畿漕則名補卿列而實奪之權其所言者則雖量加絀削而繼以進用臣伏見近年惟有主張近習一事賞信罰必無所假借自餘百事多務含容曲直是非兩無所問似聞聖意以謂如此處置方得均平此誠堯舜之用心也然臣於此竊有疑焉若推其本則臣固已妄論於前只據平之一事而言則臣於易蒙稱物平施之言竊有感也蓋古之欲爲平者必稱其物之大小高下而爲其施之多寡厚薄然後乃得其平若不問其是非曲直而待之如一則是善者常不得伸而惡者反幸而免以此爲平是乃所以爲大不平也故雖堯舜之治既舉元凱必放共兜此又易象所爲遏惡揚善順天休命者也蓋善者天理之本然惡者人欲之邪妄是以天之爲道既福善而禍淫又以賞罰之權寄之司牧使之有以補助其禍福之所不及然則爲人君者可不謹執其柄而務有以奉承之哉伏惟陛下深留聖意從班之中賢否尤

雜至有終歲緘默不聞一言以裨聖聽者顧亦隨羣逐隊排連纘補其桀黠者乃敢造飛語立横議如臣前所陳者而宰相畏其凶焰反撓公議而從之臺諫亦不敢以聞於陛下而請其罪臣聞古先聖王敷求哲人俾輔後嗣然則今日正是博求賢能置之列位之時而此人趣操不謹懼爲身害乃敢陰爲譏慝公肆刼持遂其姦謀不爲國計欲望聖慈密賜宣問陛下視此綱紀爲如何可不反求諸身而亟有以振肅之耶綱紀不振於上是以風俗頹弊於下蓋其爲患之日久矣而浙中爲尤甚大率習爲軟美之態依阿之言而以不分是非不辨曲直爲得計下之事上固不敢少忤其意上之御下亦不敢稍拂其情惟其私意之所在則千塗萬轍經營計較必得而後已甚者以金珠爲脯醢以契劵爲詩文宰相可啗則啗宰相近習可通

則通近習惟得之求無復廉恥父詔其子兄勉其弟一用此術而不復知有忠義名節之可貴其俗已成之後則雖賢人君子亦不免習於其說一有剛毅正直守道循理之士出乎其間則羣譏衆排指爲道學之人而加以矯激之罪上惑聖聰下鼓流俗蓋自朝廷之上以及閭里之間十數年來以此二字禁錮天下之賢人君子復如崇宣之間所謂元祐學術者排擯詆辱必使無所容措其身而後已嗚呼此豈治世之事而尚復忍言之哉又其甚者乃敢誦言於衆以爲陛下嘗謂今日天下幸無變故雖有仗節死義之士亦何所用此言一播大爲識者之憂而臣有以知其必非陛下之言也夫仗節死義之士當平居無事

之時誠若無所用者然古之人君所以必汲汲以求之者蓋以如此之人臨患難而能外死生則其在平世必能輕爵祿臨患難而能盡忠節則其在平世必能不詭隨平日無事之時得而用之則君心正於上風俗美於下足以逆折姦萌潛消禍本自然不至眞有仗節死義之事非謂必知後日當有變故而預蓄此人以擬之也惟其平日自恃安甯便謂此等人材必無所用而專取一種無道理無學識重爵祿輕名義之人以爲不務矯激而尊寵之是以綱紀日壞風俗日偷非常之禍伏於冥冥之中而一旦發於意慮之所不及平日所用之人交臂降叛而無一人可同患難然後前日擯棄流落之人始復不幸而著其忠

義之節以天寶之亂觀之其將相貴戚近幸之臣皆已頓顙賊庭而起兵討賊卒至於殺身滅族而不悔如巡遠杲卿之流則遠方下邑人主不識其面目之人也使明皇早得巡等而用之豈不能銷患於未萌巡等早見用於明皇又何至眞爲仗節死義之舉哉商鑒不遠在夏后之世此識者所以深憂於或者之言也雖以臣知陛下聖學高明識慮深遠決然不至有此議論然每念小人敢託聖訓以蓋其姦而其爲害至於足以深沮天下忠臣義士之氣則亦未嘗不痛心疾首而不敢以識者之慮爲過計之憂也陛下視此風俗爲如何可不反求諸身而亟有以變革之耶

臣炳麟謹案大臣者佐天子以行政者也世之將治其立朝皆剛明公正之人以輔君德而修朝政於是綱紀整飭風俗隆厚君子道長小人道消雖不肖不敢不勉孔子所謂舉直錯諸枉能使枉者直是也及其將亂人主喜諛而惡直擢在大位者率多疲懦軟熟之人天下揣摩競效其術蠅營狗苟廉恥淪亡於是綱紀廢弛風俗隳壞雖中材且變其本心君子祇有潔身而去已耳天地閉賢人隱國之所以不治讀朱子此疏能不爲宋悲乎

戊申擬上封事

所謂講學以正心者臣聞天下之事其本在於一人而一人之

身其主在於一心故人主之心一正則天下之事無有不正人主之心一邪則天下之事無有不邪如表端而影直源濁而流汙其理有必然者是以古先哲王欲明其德於天下者莫不壹以正心爲本然本心之善其體至微而利欲之攻不勝其衆嘗試驗之一日之間聲色臭味游衍馳驅土木之華貨利之殖雜進於前日新月盛其間心體湛然善端呈露之時蓋絕無而僅有也茍非講學之功有以開明其心而不迷於是非邪正之所在又必信其理之在我而不可以須臾離焉則亦何以得此心之正勝利欲之私而應事物無窮之變乎然所謂學則又有邪正之別焉味聖賢之言以求義理之當察古今之變以驗得失

之幾而必反之身以踐其實者學之正也涉獵記誦而以雜博相高割裂裝綴而以華靡相勝反之身則無實措之事則無當者學之邪也學之正而心有不正者鮮矣學之邪而心有不邪者亦鮮矣故講學雖所以爲正心之要而學之邪正其繫於所行之得失而不可不審者又如此易曰正其本萬事理差之毫釐繆以千里惟聖明之留意焉則天下幸甚

所謂遠便嬖以近忠直者臣聞蓬生麻中不扶而直白沙在泥不染而黑故賈誼之言曰習與正人居之不能無正猶生長於齊之地不能不齊言也習與不正人居之不能無不正猶生長於楚之地不能不楚言也是以古之聖賢欲修身以治人者必

遠便嬖以近忠直蓋君子小人如冰炭之不相容薰蕕之不相入小人進則君子必退君子親則小人必疏未有可以兼收並蓄而不相害者也能審乎此以定取舍則其見聞之益薰陶之助所以謹邪僻之防安義理之習者自不能已而其舉措刑賞所以施於外者必無偏陂之失一有不審則不惟其妄行請託竊弄威權有以害吾之政事而其導諛薰染使人不自知覺而與之俱化則其害吾之本心正性又有不可勝言者然而此輩其類不同蓋有本出下流不知禮義而稍通文墨者亦有服儒衣冠叨竊科第而實全無行檢者是皆國家之大賊人主之大蜮苟非心正身修有以灼見其情狀如臭惡之可惡則亦何以

遠之而來忠直之士望德業之成乎諸葛亮有言親賢臣遠小人此先漢所以興隆也親小人遠賢臣此後漢所以傾頹也先帝在時每與臣論此事未嘗不歎息痛恨於桓靈也本朝大儒程頤在元祐間常進言於朝以爲人主當使一日之中親賢士大夫之時多親宦官宮妾之時少則可以涵養氣質薰陶德性此皆切至之言也然後主不能用亮之言故卒以黃皓陳祇而亡其國元祐大臣亦不能自用頤說故紹聖元符之禍至今言之猶可哀痛前事不遠惟聖明之留意焉則天下幸甚所謂抑私恩以抗公道者臣聞天無私覆地無私載日月無私照故王者奉三無私以勞於天下則兼臨博愛廓然大公而天

下之人莫不心悅而誠服儻於其間復以新舊而爲親疏則其偏黨之情褊狹之度固已使人惘然有不服之心而其好惡取舍又必不能中於義理而甚則至於沮謀敗國妨德亂政而其害有不可勝言者蓋左右厮役横加官賞宮府寮屬例得褒遷固不問前例之是非而或者又不問其有無此固舊事之失而不可以不正况今又有蚤懷姦心預自憑結者又將貪天之功以爲己力而不顧其仰累於聖德妒賢嫉能欒下蔽上而不憂其有害於聖政也苟不有以深抑私情痛加屏絕則何以明公道而服衆心革宿弊而防後患乎唐太宗之責龐相壽曰我昔爲王爲一府作主今爲天子爲四海作主爲四海作主不可偏

與一府恩澤若復令爾重位必使爲善者皆不用心正爲此也
又況有國家者當存遠慮若漢高祖之戮丁公我太祖之薄王
溥此其深識雄斷皆可以爲後聖法惟聖明之留意焉則天下
幸甚
所謂精選任以明體統者臣聞人主以論相爲職宗相以正君
爲職二者各得其職然後體統正而朝廷尊天下之政必出於
一而無多門之弊苟當論相者求其適己而不求其正己取其
可愛而不取其可畏則人主失其職矣當正君者不以獻可替
否爲事而以趨和承意爲能不以經世宰物爲心而以容身固
寵爲術則宰相失其職矣二者交失其職是以體統不正綱紀

不立而左右近習皆得以竊弄威權賣官鬻獄使政體日亂國勢日卑雖有非常之禍伏於冥冥之中而上安下嬉亦莫知以爲慮者是可不察其所以然者而反之以法其所已用而審其所將用者乎選之以其能正己而可畏則必有以得自重之士而吾所以任之不得不重任之既重則彼得以盡其獻可替否之志而行其經世宰物之心而又公選天下直諒敢言之士使爲臺諫給舍以參其議論使吾腹心耳目之寄常在於賢士大夫而不在於羣小陟罰臧否之柄常在於廊廟而不出於私門如此而主威不立國勢不彊綱維不舉刑政不清民力不裕軍政不修者臣不信也書曰成王畏相語曰和臣不忠且以唐太

宗之明英聽特號爲身兼將相然猶必使天下之事關白相宰審熟便安然後施行蓋謂理勢之當然有不可得而易者惟聖明之留意焉則天下幸甚

臣炳麟謹案此篇與辛丑延和奏劄參看皆人君用人之要道

伏乞

聖明留意

所謂振綱紀以厲風俗者臣聞四海之廣兆民至衆人各有意欲行其私而善爲治者乃能總攝而整齊之使之各循其理莫敢不如吾志之所欲者則以先有綱紀以持之於上後有風俗以驅之於下也何謂綱紀辯賢否以定上下之分核功罪以公

賞罰之施也何謂風俗使人皆知善之可慕而必爲皆知不善之可羞而必去也然綱紀之所以振則以宰執秉持而不敢失臺諫補察而無所私人主又以其大公至正之心恭己於上而照臨之是以賢者必上不肖者必下有功者必賞有罪者必刑而萬事之統無所缺也綱紀既振則天下之人將各自矜奮更相勸勉以去惡而從善蓋不待黜陟刑賞一一加於其身而禮義之風廉恥之俗已丕變矣惟至公之道不行於上是以宰執臺諫有不得人黜陟刑賞多出私意而天下之俗遂至於靡然不知名節行檢之可貴而惟阿諛輭熟奔競交結之爲務一有端言正色於其間則羣譏衆排必使無所容於斯世而後已此

其形勢如將傾之屋輪奐丹雘雖未覺其有變於外而材木之心已皆蠹朽腐爛而不可復支持矣苟非斷自聖志洒濯其心而有以大警敕之使小大之臣各舉其職以明黜陟以信刑賞則何以振已頹之綱紀而厲已壞之風俗乎管子曰禮義廉恥是謂四維四維不張國乃滅亡賈誼嘗爲漢文誦之而曰使管子而愚人也則可使管子而少知治體是豈可不爲寒心也哉二子之言明白深切非虛語者惟聖明之留意焉則天下幸甚

臣 炳麟謹案此段言振綱紀厲風俗之理極其詳晰治平之本實不外是伏願

聖明留心省覽

癸未垂拱奏劄

臣聞大學之道自天子以至於庶人壹是皆以修身爲本而家之所以齊國之所以治天下之所以平莫不由是出焉然身不可以徒修也深探其本則在乎格物以致其知而已夫格物者窮理之謂也蓋有是物必有是理然理無形而難知物有迹而易睹故因是物以求之使是理瞭然心目之間而無毫髮之差則應乎事者自無毫髮之繆是以意誠心正而身修至於家之齊國之治天下之平亦舉而措之耳此所謂大學之道雖古之大聖人生而知之亦未有不學乎此者堯舜相授所謂惟精惟一允執厥中者此也自是以來累聖相傳以有天下至於孔子

不得其位而筆之於書以示後世之爲天下國家者其門人弟子又相與傳述而推明之其亦可謂詳矣而自秦漢以來此學絕講儒者以詞章記誦爲功而事業日淪於卑近亦有意其不止於此則又不過轉而求之老子釋氏之門內外異觀本末殊歸道術隱晦悠悠千載雖明君良臣間或一値而卒無以復於三代之盛由不知此故也恭惟皇帝陛下聖德純茂爰自初潛以至爲帝仁孝恭儉之德信於天下紛華盛麗一無所入於其心此其身可謂修矣而臨御天下期年於此平治之效未有所聞臣竊疑之意者前日勸講之臣限於程式所以聞於陛下者不過詞章記誦之習而陛下求所以進乎此者又不過取之老

子釋氏之書是以雖有生知之性高世之行而未嘗隨事以觀理故天下之理多所未察未嘗卽理以應事故天下之事多所未明是以擧措之間動涉疑貳聽納之際未免蔽欺平治之效所以未著由不講乎大學之道而溺心於淺近虛無之過也臣戇愚抵冒罪當萬死然願陛下淸燕之間博訪眞儒知此道者講而明之考之於經驗之於史而會之於心以應當世無窮之變則今日之務所當爲者不得不爲所不當爲者不得不止以至於臣下之忠邪計慮之得失不待燭照數計而可否黑白判然矣若是則意不得不誠心不得不正於以修身齊家平治天下亦豈有二道哉臣之所聞於師者如此自常人觀之疑若迂

闒陳腐而不切於用然臣竊以爲正其本萬事理差之毫釐繆以千里天下之事無急於此伏惟陛下擴天日之照俯賜開納則非獨微臣之幸實天下萬世之幸

臣聞益之戒舜曰儆戒無虞罔失法度罔遊于逸罔淫于樂任賢勿貳去邪勿疑而終之曰無怠無荒四夷來王周之文武亦以天保以上治內采薇以下治外始於憂勤終於逸樂其後中微小雅盡廢四夷交侵中國衰削宣王承之側身修行任賢使能內修政事外攘夷狄而周道粲然復興臣嘗以是觀之然後知古先聖王所以制御夷狄之道其本不在乎威彊而在乎德業其任不在乎邊境而在乎朝廷其具不在乎兵食而在乎紀

綱蓋決然矣恭惟陛下躬履艱難之運而思所以成中興之功者既知當爲與所當止之大端矣然而戎虜憑陵包藏不測中外之議咸謂國威未振邊備未飭倉廩未充士卒未練一旦緩急何以爲計臣獨以爲今日之憂非此之謂所可憂者乃大於此而恨議者未及之也臣竊觀今日諫諍之塗尙壅佞幸之勢方張爵賞易致而威罰不行民力已殫而國用未節以是四者觀之則德業未可謂修朝廷未可謂正紀綱未可謂立凡古先聖王所以彊本折衝威制夷狄之道皆未可謂備是則臣之所深憂也不識議者亦嘗以是聞於陛下之聽否乎臣願陛下三復詩書之言以監所行之得失而求所以修德業正朝廷立紀

綱者必以開納諫諍黜遠邪佞杜塞倖門安固邦本四者爲急先之務治其本而毋治其末治其實而勿治其名庶幾人心厭服夷狄知畏則形勢自彊而恢復可冀矣

臣炳麟謹案爵賞易致威罰不行民力已殫國用未節四語道盡宋末敗亡之流弊蓋爵以勸善過濫則人不知榮罰以懲惡曲縱則人不畏法民力殫國用奢堯舜所謂四海困窮天祿永終是也歷古以來坐是四者未有不亂亡嗚呼可不懼哉

甲寅行宮便殿奏劄

爲學之道莫先於窮理窮理之要必在於讀書讀書之法莫貴於循序而致精而致精之本則又在於居敬而持志此不易之

理也夫天下之事莫不有理爲君臣者有君臣之理爲父子者有父子之理爲夫婦爲兄弟爲朋友以至於出入起居應事接物之際亦莫不各有理焉有以窮之則自君臣之大以至事物之微莫不知其所以然與其所當然而無纖芥之疑善則從之惡則去之而無毫髮之累此爲學所以莫先於窮理也至論天下之理則要妙精微各有攸當亘古亘今不可移易惟古之聖人爲能盡之而其所行所言無不可爲天下後世不易之大法其餘則順之者爲君子而吉背之者爲小人而凶吉之大者則能保四海而可以爲法凶之甚者則不能保其身而可以爲戒是其粲然之迹必然之效蓋莫不具於經訓史册之中欲窮天

下之理而不卽是而求之則是正牆面而立爾此窮理所以必在乎讀書也若夫讀書則其不好之者固怠忽間斷而無所成矣其好之者又不免乎貪多而務廣往往未啓其端而遽已欲探其終未究乎此而忽已志在乎彼是以雖復終日勤勞不得休息而意緒悤悤常若有所奔趨迫逐而無從容涵泳之樂是又安能深信自得常久不厭以異於彼之怠忽間斷而無所成者哉孔子所謂欲速則不達孟子所謂進銳者退速正謂此也誠能鑒此而有以反之則心潛於一久而不移而所讀之書文意接連血脈通貫自然漸漬浹洽心與理會而善之爲勸者深惡之爲戒者切矣此循序致精所以爲讀書之法也若夫致精

之本則在於心而心之爲物至虛至靈神妙不測常爲一身之主以提萬事之綱而不可有頃刻之不存者也一不自覺而馳鶩飛揚以徇物欲於軀殼之外則一身無主萬事無綱雖其俯仰顧盼之間蓋已不自覺其身之所在而況能反覆聖言參考事物以求義理至當之歸乎孔子所謂君子不重則不威學則不固孟子所謂學問之道無他求其放心而已矣者正謂此也誠能嚴恭寅畏常存此心使其終日儼然不爲物欲之所侵亂則以之讀書以之觀理將無所往而不通以之應事以之接物將無所處而不當矣此居敬持志所以爲讀書之本也

臣炳麟謹案此段朱子自道其生平致力之法以告其君蓋朱

子之學全在居敬實五帝三王相傳之緒餘故孔子言修己以敬而推之安人安百姓自天子以至於庶人欲求學問必以是爲入德之門也

乞進德劄子

臣竊聞周武王之言曰惟天地萬物父母惟人萬物之靈亶聰明作元后元后作民父母而孟子又曰堯舜性之湯武反之蓋嘗因此二說而深思之天地之大無不生育固爲萬物之父母矣人於其間又獨得其氣之正而能保其性之全故爲萬物之靈若元后者則於人類之中又獨得其正氣之盛而能保其全性之尤者是以能極天下之聰明而出乎人類之上以覆冒而

子蓄之是則所謂作民父母者也然以自古聖賢觀之惟帝堯大舜生而知之安而行之爲能履此位當此責而無愧若成湯武王則其聰明之質固已不能如堯舜之全矣惟其能學而知能利而行能擇善而固執能克己而復禮是以有以復其德性聰明之全體而卒亦造夫堯舜之域以爲億兆之父母蓋其生質雖若不及而其反之之至則未嘗不同孔子所謂及其成功一也正此之謂也恭惟皇帝陛下聰明之質性之於天固非常情所能窺度然而生長深宮春秋方富臣恐稼穡艱難容有未盡知人之情僞容有未盡察國家憲度容有未盡習至於學道修身立志揆事之本制世御俗發號施令之要亦容有未能無

待於講而後明者故竊以爲陛下誠能於此深留聖意日用之間語默動靜必求放心以爲之本而於玩經觀史親近儒學已用力處益用力焉數召大臣切劘治道俾陳今日要急之務略如仁祖開天章閣故事至於君臣進對亦賜溫顏反復詢訪以求政事之得失民情之休戚而又因以察其人材之邪正短長庶於天下之事各得其理經歷詳盡浹洽貫通聰明日開志氣日彊德聲日聞治效日著四海之內瞻仰畏愛如親父母則是反之之至而堯舜湯武之盛不過如此不宜妄自菲薄因循苟且而不復以古之賢聖自期也

臣炳麟謹案此篇因宋甯宗自以天質不美難求盛治故朱子

進此疏爲其君勉觀其貼黃引中庸人一己百人十己千及呂大臨學變氣質兩言以爲之法而切切以廢學自棄爲戒蓋朱子望其君進於明進於强至此而彌切然其致君之術亦至此而已窮矣 臣總核朱子論治各疏曰振紀綱曰厲風俗惓惓焉再三致意蓋以風俗之隆汙世道治亂之原也而綱紀之舉廢又風俗隆汙之本也君也者操整綱飭紀移風易俗之權者也人君明而且强則有功必賞有過必罰見賢能舉見不善能退人皆勸於善而懲於惡是以綱紀振於上風俗厲於下而天下熙熙然躋於治也反是賞不當其功罰不稱其罪舉者不必賢退者不必不善久且大臣竊柄賄賂通行私黨日多公權日替

成爲習慣羣相效尤朝廷有空言而無功效臣下有意見而無是非雖有剛明正直之人亦必不能容跡於其間矣是以綱紀弛於上風俗壞於下不至亂亡不止朱子所以爲宋悲也或謂宋室將亡朱子不言富國强兵惟君主之學識反復詳論近於迂闊不知朱子之說不行正宋室之所以亡也君主者握督責功過之最高權者也倘學識不明則督責無力所謂富國强兵皆紙上空談耳歷古以來無論君主國民主國君民共主國其國之治亂必視最高權之强弱爲斷西國法學家謂之總攬機關又謂之統治機關此機關靈敏則大臣之任免議會之集散皆得其宜令出惟行政無不舉書曰皇建有極是也若夫統治

不振或偏任官吏而失之於寡人政體或過縱民人而失之於
暴民政體皆足以致亂是以朱子望其君力求學識進於明强
者知其舍此別無治道也朱子各疏述帝王之美德極其詳盡
論叔季之流弊極其透闢我
聖祖仁皇帝亦勤加披覽體諸躬行恭惟我
皇太后
皇上天亶聰明臣何能窺其涯涘惟
山海高深不擇流壤伏願
聖明留心省覽凡行一政用一人必反己而思之其有合乎朱
子所述帝王之美德者則力行焉以求至乎其極倘有類於朱

子所謂叔季之流弊者則深戒焉以期克免於亂此則微臣不避萬死誠惶誠恐而編朱子各疏獻諸陛下之微意也臣無任悃款激切之至

彙呈朱子論治本各疏正誤表

册別	頁數	行數	字數	誤	正
一 卷	第一	第二	以字下	祈	備
	第五	第六	失字下	陛下勢者	勢者陛下
	第十	第十九	功字下	効	效
	十三	十四	所字上	子	之
	十七	十四	蒸字上	薰	熏
	十八	十五	遺字上	所	行
	二十三	第七	能字下	自	白
	二十四	第五	相字上	宗	宰
	二十五	第一	宗之字下	明英聰特	聰明英特

二十五	第一	白字下	相宰	宰相

興亡彙鑑

興亡彙鑑

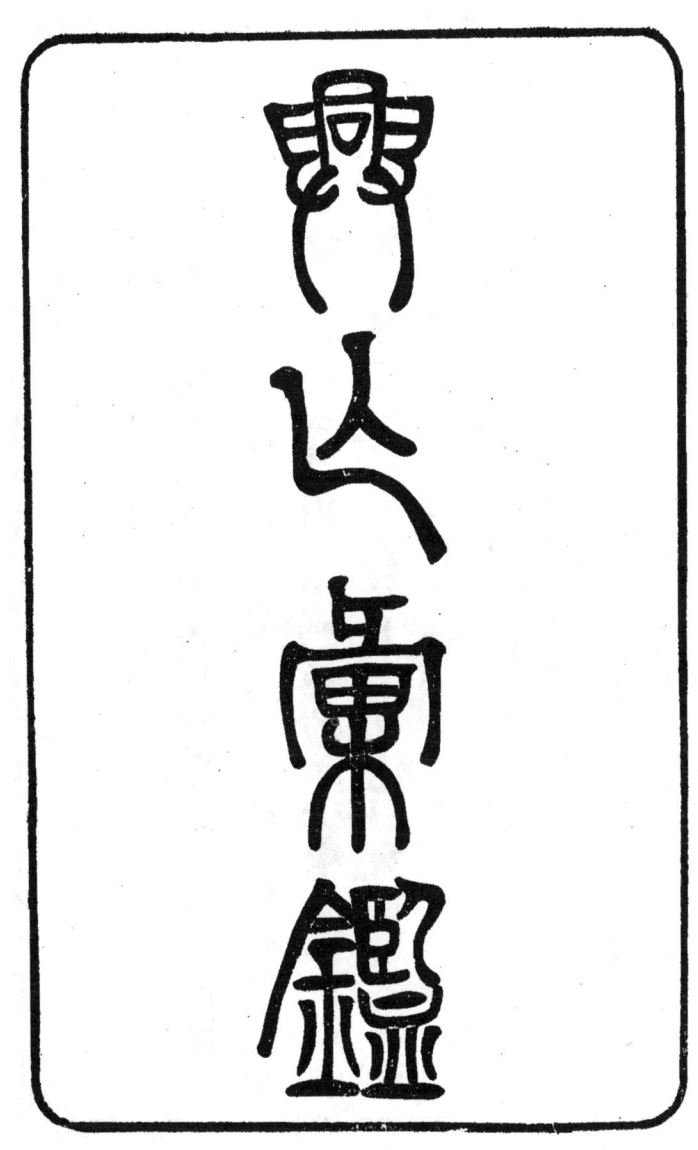

國立廣西大學圖書館

興亡彙鑑緣起

宣統元年二月十七日奉

硃筆圈出榮慶陸潤庠張英麟唐景崇寶熙朱益藩熙彥喬樹枏吳士鑑劉廷琛周自齊勞乃宣趙炳麟譚學衡著撰擬經史掌故及各國政治歷史講義並著大學士孫家鼐張之洞總司核定欽此嗣於是月二十七日會銜覆奏分七班進講榮慶講四書喬樹枏講

大清律例及　聖祖日知薈說爲頭班陸潤庠講陸宣公奏議劉廷琛講貞觀政要爲二班張英麟講　御批通鑑輯覽吳士鑑講西洋通史爲三班唐景崇講

朝聖訓東華錄　歷朝御製詩文集周自齊講外交史
爲四班寶熙講東洋史勞乃宣講憲法爲五班朱益藩講
資治通鑑趙炳麟講　皇朝文獻通考先正事略爲六
班熙彥講　皇朝經世文編譚學衡講軍略爲七班屆
期預備膳牌聽候　召見奉
旨依議欽此炳麟見時事日非因進興亡彙鑑十篇

興亡彙鑑

興亡彙鑑首篇

臣趙炳麟恭擬

天命十一年丙寅正月己酉

上諭諸貝勒曰上天覆育萬物公而無私非者非不以國大而庇之是者是不以國小而棄之嘗觀歷代帝王其初每苦心志勞筋骨備歷艱難而後得成大業虞舜躬耕歷山克盡孝行遂聲聞於天而登帝位漢高祖一泗上亭長耳奮力行間躬定禍亂遂有天下金太祖服事遼主幾被誅卒能奮志修身收服屬國滅遼稱帝明太祖蚤喪父母棲身佛寺歷盡艱危卒成帝業此皆天眷有德不以微賤而棄

之也周宣王時有童謠曰檿弧箕服實亡周國及幽王寵溺褒姒紊亂國政西周以亡秦始皇雄據西陲吞幷海內築長城防禦邊界信方士訪求神仙自謂一世二世以至萬世傳之無窮乃恣意暴虐二世而亡宋徽宗招納叛臣搆兵啟釁爲金所敗父子被執身死於外金主完顏亮違悖天常荒淫不道獲罪於天卒被篡弒元順帝不畏天威不治國政疎斥賢能任信姦慝致盜賊蠭起國祚遂亡此皆天厭凶德不以國之大而且强以庇之也今明之君臣自恃强大蔑視

上帝任意生殺妄啟釁端助葉赫侵我疆圉燬我廬舍奪我禾

稼肆虐無已朕用昭告
皇天興師征之猶不悔悟其非自謂以强制弱所向無敵不知
是非自有天鑒固不在衆寡大小也觀古今典籍國雖大
而歷數將終則君臣庸闇紀綱倒置至於滅亡國雖小而
運祚方興則禎祥洊集民物蕃盛寖以昌熾總之皆由天
也今明災異疊見其君臣不務修省終必致天之罰也縱
國大兵强豈足恃乎夫人能引咎修德者上也文過飾非
者下也後世子孫宜法前代之所以得鑒前代之所以失
遷善改過上合天心則可以永享鴻祚矣欽此
臣謹案此我

太祖歷陳古來興亡之迹大誡諸貝勒並諄諄爲後世子孫告者其要在法前代之所以得鑒前代之所以失以遷善而改過

太祖雄才大略開創丕基雖無經筵日講之故事而數語實括歷代英君求學致治之要義乃知帝王之學貴務其大而操其要不必支支節節以求之也臣謬以迂儒叨陪

講幄分認之書係

皇朝文獻通考暨先正事略而

列朝聖訓

御製詩文集及名臣奏議前朝史册等書皆包括於

皇朝文獻通考之經籍考中 臣擬會萃羣書考其精意著爲講
義略備法戒以爲
泰山河海之一助謹擬其目於左

國初用人之善 附明末用人之失
國初行政之善 附明末行政之失
國初綱紀整飭 附明末綱紀倒置附
國初政事皆有精意 附明末政事皆爲具文
國初財政之裕 附明末財政之絀
國初軍事之强 附明末軍事之弱
國初之愛民 附明末之擾民

國初大臣爲國求才附明末大臣爲己植黨擬就此數目中將我
朝之所以得及前明之所以失略爲覼縷著之於篇以期不背
太祖垂訓法戒之意昔漢高帝謂陸賈曰爲朕著秦之所以失天下與朕之所以得天下賈乃進新語十二篇臣無陸賈之才謹守
太祖之訓著前明之所以失天下與
國朝之所以得天下名曰興亡彙鑑惟
聖明留心加察焉無任跂望之至
興亡彙鑑二篇國初用人之善 明末用人之失

欽惟我
朝崛起東方在天命未建元以前凡軍事民事
太祖率家人父子締造經營嘗欲求天下才以大一統
上諭云君天所立也臣君所任也國務殷繁必得賢才衆多量能受職天下全才無幾一人之身有所知即有所不知有所能即有所不能故勇能征戰者宜令制軍才優經濟者宜令治國博通典故者宜諳得失嫻習節文者宜襄典禮若茲賢才當隨地旁求俾列庶位開國方略
上諭又云用人之道宜因人用之善於征戰者惟用以征戰若機密之地必擇謹慎端方者處之辭命之任必擇言語通

達者委之俱隨才器使可也（開國方略）至於用人之根本必以
公忠誠實爲主天命元年
上諭云至治之世君明臣良同心共濟果秉志公誠而去其私
則黎庶乂安萬邦協和爲治之道惟在一心而已（開國方略）是
年又
諭羣臣云賢臣翊贊朝廷必本忠誠之心視國家如一體質諸
天地而無慚明君治國務先求忠誠之人而倚任之（開國方略）
夫取人以身古有明訓欲得臣心之忠先求君心之公天
命六年
上諭諸貝勒曰凡人處世之道以公爲貴與其皇皇求利不若

求此至公之心朕惟至公存心故由愚而智由小而大由約而豐凡賢良之人其才略所著猶可及也其至公之心乃不可及或爲帝王或爲神聖天必不虛生之也爲君者能以至公之心克勤於國俾其安輯則天錫丕基能永享矣苟或不然天未有不更易者聖訓訓諸王門內當是時制度未定諸事草創官無定職事無專責全賴諸臣公誠任事故無廢弛自天命七年

太祖命皇子八人俱爲和碩貝勒共議國政次年

命八大臣副之此爲設立議政之始尋

命費英東何和哩額亦都扈爾漢安費揚古等五人爲佐理國

政大臣儼然於親貴之外擇人輔政五大臣戰勝攻取武
功固爲顯著伏讀
太宗諭云費英東見人不善必先自斥責而後劾人見人之善
必先自獎勸而後舉之被劾者無怨言被舉者亦無驕色
朕未聞諸臣以善惡直奏似斯人也以上皆名臣傳 國史 是其舉直
錯枉更有合古大臣休休有容之度者
太祖擢在左右參預機密實爲此耳
太宗御宇釐定部院官制改六館爲內三院以范文程爲大學
士文程沈毅多大略好善如不及
太宗引爲腹心言聽計從嘗有固山額眞缺出廷議推之

上曰此一軍職耳范章京朕之心膂其別議之乃用爲相文程遂以謀間袁崇煥降孔有德服朝鮮破蒙古定策入關佐
世祖統壹中夏皆由
聖人知人之哲有以開基業而垂統緒也未完

興亡彙鑑二篇國初用人之善明末用人之失續前

夫我
朝之用人以公忠誠實爲主復量才器使各盡其長是故爲相者皆以汲引人才爲心爲將者皆以奮勇敵愾爲志此其創業垂統宜矣前明撫有十餘省之衆使得中主而君之一代之才自足供一代之用未必不能守其祖宗基

業也乃熹宗童昏誅戮善類前後六七君子之案賢人已一網打盡莊烈帝處流極敗壞之後固欲以明察而挽績弊者也然不明於知人而流於猜忌不察於審事而務於苛細執猜忌之心行苛細之政賢者疑爲不肖不肖者反以爲賢此欲不亡不可得矣請將莊烈帝時將相之失人忠良之見屏考其事略於左莊烈御宇僅十七年而前後易宰相五十人其中惟孫承宗韓爌文震孟等稱賢不久卽被僉壬排去惟溫體仁獨相八年周延儒先後數年楊嗣昌二年有餘欲知明之所以亡須考三相之爲人溫體仁外曲謹而中陰鷙機深切骨言官屢劾其奸邪帝謂體

仁孤立益嚮之體仁以其鄉人閔洪學爲吏部尙書陰主持之異己者使以部議論罷又用史𡎺高捷等爲御史日以傾正人庇胥小爲事欲推薦則使人發端己承其後欲擠陷則使人攻擊己抵其隙秉政八年流寇躪畿輔擾中原民生日困未嘗建一策立一功惟陰險小人援引於朝陽剛君子排除殆盡周延儒性機警善伺意旨與溫體仁吳昌時等朋比挾勢弄權貪贓骫法楊嗣昌小有才專務剝削倡加剿練諸餉使民盡爲盜袒庇熊文燦等使流寇大熾宰相者國家之根本莊烈帝任相如此已有致亡之道矣當時將臣熟悉遼事者如孫承宗袁崇煥等善防流

寇者如孫傳庭洪承疇等不得不謂之良將而孫承宗以寺人掣肘罷職閒居袁崇煥以內監流言逮京棄市孫傳庭與相臣楊嗣昌不合羅織下獄洪承疇不用爲剿寇移以防邊非其所長束手就縛反用楊嗣昌之薦以寇事專任熊文燦總理一意主撫張獻忠爲左良玉所敗幾死僞降文燦處之穀城洪承疇孫傳庭大破李自成羅汝才諸股亦窘而僞降文燦受之言者諫阻皆不用嗣昌惡傳庭承疇破賊恐撓撫議陷傳庭於法調承疇爲遼薊總督其後撫賊終叛大局遂不可問矣然是時未嘗無忠良也如劉宗周黃道周敦品勵學洞達治理宰相才也使以任溫

體仁者任二人明祚豈易傾哉乃劉宗周以屢劾體仁削職爲民黃道周以屢劾嗣昌獲罪致讁其後明室敗亡情形兩臣章疏早已痛乎言之莊烈不悟耳夫莊烈用人顚倒如此者何哉其原由於見理未明而求治太急君子務端重不苟合以求容帝遂以爲迂闊而退之小人工夤緣恆多方以希旨帝乃以爲曲謹而進之迨至君子盡退小人盡進雖日易一相終不外此等人物所謂天下第一流者獨寐寤歌相率澗阿退隱矣國欲治可得乎伏讀

仁宗御製劉宗周諫莊烈帝詩云勵精宵旰勞求治心過急宗周論得中近功無汲汲乃知帝王圖治自有本末輕重鑒

別人才尤爲治亂關頭未可少忽矣以上徵引分載欽定明史明鑑及御撰通鑑綱目三篇

興亡彙鑑三篇國初行政之善　明末行政之失

欽惟我

朝良法美意卓越往古方策具在牘不勝書臣謹擇

國初行政之善較爲重大者分爲四類彙呈

御覽一勤批答二勤召見三求言必廣而聽言必審四待下以誠而馭下以法凡明末行政之失與此相反者附列於後參觀互證以備法戒可知興亡之道雖曰天時抑亦人事之所致也

勤批答

世祖親政事必躬裁嘗

幸南臺

召諭三院諸臣曰我朝定天下弓矢之力也朕今躬親政事天

下至大機務至繁凡一應章奏皆朕親爲批斷日無暇晷

心常念茲不忘也計

訓諭一百一十條康熙時

命儒臣編爲六卷

御製序有云開國經綸萬年時叙心法於是乎在皇朝文獻通考卷二百二十

聖祖御書座右曰覽本之際不可說閒話不然錯亦未可知如

用人與刑名錢糧等事關係非小不可不慎

面諭大學士馬齊起居注官滿保等曰朕從來無代筆之人凡

批出諭旨俱朕親書事詳御製文初集卷二十八及三集卷六

世宗御製硃批諭旨序云晝則延接羣臣引見官弁傍晚觀覽

本章燈下批閱奏摺每至二鼓三皷不覺少倦皇朝文獻通考

臣謹案臣工章奏乃內外政事所由表見也人君聽其言

察其行善則獎之弊則剔之言行相符者賞之言行不符

者罰之是以臣工有所懲勸不敢以空言欺飾天下熙然

躋於治也

世祖開國以來凡章奏必

手自批決傳爲家法守之不衰臣觀
聖祖南巡駐蹕沂州先是一應奏章俱三日一送進呈
御覽一日遲久不至
上待至夜分數遣問內閣傳
諭曰奏章關係國政最爲緊要朕於巡幸之次昕夕披覽未嘗
稍有稽留前此齎本官遲滯業已處分今日何又淹久未
至耶毋拘時刻至卽進呈朕將宵興省覽是夜漏下四鼓
奏章始至呈進
上卽起詳覽徹曙康熙二十三年聖訓聖治門內觀此可見
聖躬勤勞體天不息

世宗紹基尤爲諄諄教誨
硃批具在　臣不贅述　臣考
列聖勵精圖治批答章奏固爲詳明考核功過更不寬假是以
實政在民者多空言塞責者少明末則不然神宗偷安怠
政百司章疏束閣不觀往往以留中置之沈一貫葉向高
先後請發臺省各章奏帝不聽呂坤疏云章奏不批先朝
間有未如今日强半留中蓋疏之照入也會極有簿疏之
進奏也外廷不聞萬一有國家大事邀截實封揚言於外
曰留中矣外人知之乎萬一有詐傳詔旨匿不封還揚言
於外曰進繳矣陛下知之乎今陛下精明中官謹畏必無

此事臣恐聖子神孫守爲家法倘不逞爲姦何變不起臣望自今以後留中章奏每月御前發未覽揭帖一紙內開某人某疏未及批答下會極門轉發各衙門備照其繳還御札原本乞批知道了三字發該科備照庶君臣雖不面談而上下猶無欺蔽所關重大不可不防帝亦不聽於是政靡折衷臣工各行私見百弊叢生熹宗任用魏忠賢內外本章多由忠賢矯詔裁可倚司禮太監王體乾李永貞等爲腹心凡章奏先經永貞等閱視鈐識竅要白忠賢議可否然後行帝好親斧鋸椎鑿髹漆之事每引繩削墨忠賢輒奏事帝厭之謬曰汝等好爲之忠賢因得擅威福以

傾明祚我

高宗御批斥爲昏庸

仁宗欽定明鑑戒後世人主宜謹所好誠深知政治根本之論

歟（未完）

興亡彙鑑三篇（國初行政之善明末行政之失續前）

勤召見

世祖統壹區宇御史趙開心奏曰立政之始凡一事之得失一言之通塞關天下萬世利害其中大綱大法固須講求卽細節隱情尤須洞晰惟是有奏疏不能盡陳而封章不敢頻瀆者伏祈

皇上開懷延納時垂
淸問不拘朝見燕見不拘滿官漢官不拘內院及九卿科道時
假
召對霽以溫文一切用人行政與民間利病相關許各官隨時
條議等語
上嘉納之給事中魏裔介奏曰上下之情未通滿漢之氣中閼
大臣闒茸以保富貴小臣鉗結而惜功名紀綱日弛法度
日壞貪官暴吏轉相呑噬臣實憂之請時
御正殿召對羣臣虛心咨訪令部院科道諸臣面奏政事仍令
史官記注以求救時之策又奏曰深居高拱不如詢訪臣

鄰批答詳明不若親承顏色故事有朔望之朝有三六九之朝有早晚朝有內外朝今縱不能如舊例當一月三朝以副勵精圖治至意

上立行其說定每月逢五視朝之制以上皆國史名臣傳及皇清奏議順治八年

世祖親政以後或

御太和殿或

幸內院

召見大小臣工商榷治理下至御史中書等微員尚蒙

賜茶坐見順治八年及十年實錄新科進士亦

御乾清門召見

親諭以效力王家殫心民社各盡忠悃順治十年聖訓選舉門
聖祖繼統每日閣臣升階論治咨諏軍國羣工循序奏事親加
　咨度講官捧書而入詳論義理無不接
龍光而承
清問出入游讌臣工陪侍法從賦詩聯句論古談今歡若家人
　載在
實錄者班班可考也
開國之初君臣一體若此所以除明末壅蔽之病根而垂萬年
有道之基業者此其一端也夫前明制度初未嘗不善也
成祖遷都燕京御門有常期一日御右順門畢謂廷臣曰

早朝奏事不得盡言午後事簡卿等得從容陳說朕亦欲及時商権其後三朝聖諭錄天順日錄所載孝宗世宗起居或用一人而君臣可否或行一事而上下平章亦未嘗有怠政之習自神宗高居簡出嘗二十五年不視朝初以相臣王家屏入閣一御門延見後以張差梃擊之案一御慈甯宮面諭羣臣平居高拱深宮萬事皆不置意呂坤奏曰祖宗以來有一日三朝者有三日一朝者有一日一朝者一人勵精萬事嚴肅請循舊制不報鄒元標亦請召內閣九卿科道面商政事以復祖宗朝故事亦不報羣臣論奏累百千皆留中不允紀綱紊亂天下離心至懷宗時雖

日勤召見於平臺而時事已不可爲用人亦多未當遂致
內亂蠭起社屋鼎遷我
高宗御批謂神宗不勤接見譬如元首股肱血脈不相貫注其
人不能無疾明之亡亡於神宗殆非過論煌煌
聖謨豈非後世君天下者之箴鑑哉（未完）

興亡彙鑑三篇（國初行政之善明末行政之失續前篇）

求言必廣而聽言必審
國朝自崇德元年設立都察院參議國政（皇朝文獻通考職官考）
世祖入關定鼎首重臺官上則規諫
主德下則彈劾官邪

訓諭再三載在臺規者至明且備也順治聖訓有求言納諫門康熙聖訓有廣言路門盈數萬言皆求治要道乞留意檢覽茲不具述以限於篇幅也

聖祖御製臺省箴以勵言路其詞曰臺省之設言責斯專寄以耳目甯取具員又

手書都俞吁咈四字榜御史臺示君臣交相儆勉之意是故我

朝以都察院爲輿論所滙歸選端重明達洞悉治理之人充補臺職許其專摺入奏風聞彈事士民上書者在內由都察院或本衙門代奏在外由督撫代奏茍有一得之見皆可上達

朝廷求言之途可謂廣矣至於言之行否或由

宸衷獨斷或與大臣商榷必審事理之安而後定蓋以彈劾爲臺省專司則是非不致龐雜而投匭告密之事無取焉凡條陳必長官代奏則議論不致紛歧而築室道謀之弊不作焉

開國以來納言體制如是也謹案投匭之制仿於唐武后時唐書百官志垂拱二年魚保宗請置匭受四方書乃鑄銅匭四塗以方色列于朝堂青匭曰延恩在東告養人勸農者投之丹匭曰招諫在南論時政得失者投之白匭曰伸寃在西陳屈抑者投之黑匭曰通元在北告天文秘謀者投之以諫議大夫補闕拾遺一人充使知匭事御史中丞侍御史一人爲理匭使寳應元年命中書門下擇正直清白官一人知匭以給事中中書舍人爲理匭使凡投匭者先驗副本李渤傳渤充理匭使言事大者以聞次白宰相下以移有司有司不當許再納匭妄訴者加所坐一等以絕冒越詔可唐時命大臣知匭事先驗副本妄訴者坐罪此必如今日都察院遞呈有印結任處誣控者反坐非同匿名書也匿名言事大清律嚴禁東西各國謂之形式不具概不置理防其淆亂觀聽顛倒是非也前明求

言之途較我
朝稍寬太祖定制無論臣民皆許言事至永樂洪熙宣德間人人以建言爲榮孔友諒宋綸邵原亨等以知縣言事白威李昇王珪等以丞倅言事下至戍卒蔣文震亦疏請
賜衣鈔嘉定民周程亦疏請濬吳淞史家雖傳爲美談然其弊也衆論紛呶淆亂視聽人主久而生厭並忠言讜論亦束閣不覩矣萬歷十八年大理評事雒于仁疏上酒色財氣四箴直攻帝失帝怒用申時行言留其疏而斥其人自此章奏留中遂成故事雖賢人君子捐首領披肺腑爭
復批答祖制亦置若罔聞歷光熹兩朝紀綱掃地懷宗雖

勤於求言然寄宵小以耳目務苛細爲明察武舉陳啓新以薦言授給諫卒至敗檢逃官而言路雜矣奸臣溫體仁以讒言陷鄭鄤不俟佐證磔市而刑典濫矣聞二十四氣之謠而疑朝士給事中姜埰因此下獄左都御史劉宗周因此削籍於是大奸巨慝造作浮言騰播淸禁激至尊之怒箝忠義之口而直言遂絕於耳矣昔黃道周嘗諫懷宗云外廷諸臣敢誑陛下者必不在拘攣守文之士而在權力謬巧之人內廷諸臣敢誑陛下者必不在錐刀泉布之微而在阿柄神叢之大我

仁宗閱黃道周疏

御製詩云直諫盡忠義阿順政治妨邪正未區別致亂淆典常

觀

仁宗褒道周能盡忠義貶懷宗不分邪正乃知爲治亦自有體

而典常尤未可淆亂也未完

興亡彙鑑三篇國初行政之善明末行政之失續前

待下以誠而馭下以法

聖祖講筵緒論云古來帝王唐虞之都俞吁咈唐太宗之聽言

納諫君臣上下如家人父子情誼浹洽故能陳善閉邪各

盡所懷登於至治明朝末世君臣隔越以致四方疾苦生

民利弊無由上聞我

太祖
太宗
世祖相傳以來上下一心滿漢文武皆爲一體情誼常令周通
隱微無有間隔一游一豫體恤民情創作艱難立萬世不
易之法朕雖凉德上慕前王之盛事懍遵
祖宗之家法思與天下賢才共圖治理常以家人父子之誼相
待臣僚罔不兢業以前代爲明鑒也 御製文初集雜著門內 恭繹
聖祖此言蓋述
開國規模爲後王法幷言明季流弊爲後王戒自來圖治之主
必開誠布公而後士民之心志咸孚又必明罰敕法而後

朝廷之綱紀克整臣觀
世祖親政或
御正殿或
幸內院與陳名夏等講論治亂之理穆若家人及名夏姦惡敗
露則執法毫無寬貸（事詳順治十一年聖訓）英親王阿濟格親貴之
臣也而驕縱不制則罰之內侍吳良輔寵倖之人也而結
黨干政則戮之（事詳東華錄）乃知
聖人執兩用中所以彰平明之治者固在精誠之感化尤在威
令之信行蓋有精誠則下情皆上達君臣悅而扞格無虞
有威令則善勸而惡懲賞罰明而是非不紊此中妙用惟

能見理極明始克用情悉當不然或偏於寬而爲闒弱或偏於嚴而爲苛察皆非致治之道也明朝自神熹以來與大小臣工久不接洽懷宗性操切溫體仁以刻薄佐之上下囂然大學士錢士升撰四箴以獻請帝寬以御衆簡以臨下虛以宅心平以出政帝不省御史詹爾選奏云日與陛下言者惟苛細刻薄不識大體之徒似忠似直如狂如癡售則挺身招搖敗則潛形遁竄駭心志而爚耳目毀成法而釀隱憂天下事尙忍言哉帝震怒奪爾選職明末優禮而重任者多係小人懷疑而竄殛者多係君子此其所以致亡宜我

聖祖引以爲鑒也臣愚以爲欲待下之得其當貴好惡之協於平魏禧之言曰匹夫而好人惡人其好不足恃而惡之無所害惟操賞罰之柄則一人之意足以治亂天下而有餘欲善賞罰之施必先平好惡好惡之所以不平其故有五一曰性悖一曰習慝一曰眩於目一曰騖於耳一曰域於智之所不知惡賢好不肖性悖者也好其所親近焉而已習慝也有善不能擇擇而不能善者耳目之過好惡其所知而不能擴其所不知以己量人者域於智也爲人君者察其五病則好惡可平而待下馭下寬嚴各得其當自無明季流弊克合

聖祖明訓矣惟
陛下留心省察天下幸甚
興亡彙鑑四篇（國初綱紀整飭　明末綱紀倒置）
歷古以來整飭綱紀之道不外辨別是非認眞賞罰是非明而賞罰嚴者國靡不興及其季也牽皆無是無非無賞無罰朝不信道工不信度浮議起賊民興綱紀敗於上危亂見於下是以善治國者必自整綱飭紀始欽惟我
太祖起自遼東天命七年宴蒙古諸貝勒
面諭曰我國習俗所尙惟守忠信奉法度賢而善者舉之不遺悖且亂者治之不貸以致盜賊潛消暴亂不作拾遺於道

必還其主習俗如此所以興也天命十一年
上諭貝勒諸臣曰朕心公而法嚴有功者必賞雖仇不念有罪
者必懲雖親罔恤以是爲是以非爲非爾貝勒諸臣倘不
以公勤爲心國之忠邪莫辨盜賊罔察使典章淆亂法紀
廢弛則
上天賜朕之福祚自爾等虧損之矣事詳訓明法令門聖煌煌
聖謨傳爲家法守之不衰至今數百年雖有權奸巨猾不敢顯
爲非分者賴有綱紀以維繫之耳臣考古來善言綱紀者
在漢則有諸葛亮在宋則有朱熹昔蜀漢主劉備逐劉璋
取益州使亮治之頗尚嚴峻法正曰高祖約法三章秦民

知德願君緩刑弛禁以慰此州之望亮曰君知其一未知其二秦以無道政苛民怨高祖因之可以宏濟劉璋闇弱自焉以來（劉焉前益州牧璋父）政德不舉威刑不肅君臣之道漸以陵替寵之以位位極則賤順之以恩恩竭則慢所以致敝實由於此吾今威之以法法行則知恩限之以爵爵加則知榮榮恩並濟上下有節爲治之道於斯著矣宋末綱紀廢弛風俗偷靡朱熹諫曰所謂振綱紀以厲風俗者四海至廣兆民至衆人各有意欲行其私而善爲治者乃能總攝而整齊之使之各循其理者則以先有綱紀以持之於上後有風俗以驅之於下也何謂綱紀辨賢否以定上下之

分核功罪以公賞罰之施也何謂風俗使人皆知善之可慕而必爲皆知不善之可羞而必去也然綱紀之所以振則以宰執秉持而不敢失臺諫補察而無所私人主又以其大公至正之心恭己於上而照臨之是以賢者必上不肖者必下有功者必賞有罪者必刑而萬事之統無所缺也綱紀既正天下之人各自矜奮更相勸勉以去惡而從善蓋不待黜陟賞罰一一加於其身而禮義之風廉恥之俗已丕變矣（朱子文集戊申封事）我

聖祖嘗讀此疏

御書疏後云此等封章卓然千古（見御製文三集卷四十二古文評論）蓋深知綱紀

之舉廢實爲風俗隆汚之原而風俗之隆汚又爲世運治亂之本是以

聖祖御宇六十一年無日不以整綱飭紀爲務康熙二十五年

諭大學士云自康熙元年以來中外臣民習染澆風爭事詐僞

公行賄賂貪冒營求因緣請託作奸犯科頑鈍者忝弗知恥奸黠者愍不畏法以致是非乖謬綱紀漸弛朕親政以後洞悉奸弊加意釐剔振飭憲章務使違律干紀之衆莫能匿匿法無旁貸人無遁情庶幾禁遏頑豪杜塞僥倖 聖訓聖治門 蓋自鼇拜專擅綱紀漸弛賴

聖祖洞悉其奸加意釐剔憲章爲之一振故又

諭大小臣工曰朕夙夜孜孜勤求治理務期紀綱整肅吏治澄
清庶績咸熙民生樂業以躋郅隆之化見聖治門聖訓惟能整
綱紀然後吏治可清能清吏治然後庶績熙而民生樂讀
此可知治平之要矣未完
興亡彙鑑四篇國初綱紀整飭明末綱紀倒置續前
欽惟我
朝整綱飭紀之道恭讀
太祖
聖祖明訓既得其詳臣請言明朝洪武元年戊申帝如北京御
奉天門問元政得失馬翌對曰元天下以寬得之亦以寬

失之帝曰否元季君臣耽於逸樂馴至淪亡其失在縱弛非寬也聖王之道寬而有制不以廢事爲寬簡而有節不以慢易爲簡施之適中則無弊矣我

高宗御批云元季淪亡在縱弛明祖此論深中其病至不以廢事爲寬慢易爲簡尤得爲治要領馬翌率爾陳對實爲膚末之見豈知寬嚴自貴適中亦當相濟爲用若專務姑息必乖明允之方過事刻覈亦非欽恤之典皆無當於協中之道如皐陶贊舜御衆以寬而其時殛流放竄未嘗少假所謂刑期無刑正善用其寬耳御撰通鑑綱目三編明祖立綱陳紀信賞必罰我

世祖嘗評論古今謂歷代賢君莫如明太祖見聖訓論治道門內是明朝開國時綱紀未嘗不振也自熹宗任用魏忠賢士大夫附之引用奸人誅戮君子綱紀遂蕩然無存懷宗立雖誅魏忠賢崔呈秀等而其黨羽衆多心懼株連騰播邪說當時遂有調停之議編修倪元璐奏云臣閱邸鈔凡攻崔魏者必引東林爲並案一則曰邪黨再則曰邪黨夫崔魏而既邪黨矣向之劾忠賢論呈秀者豈邪黨乎臣不主調停而主別白不爭用舍而爭是非請帝進君子退小人懷宗不納給事中黃紹杰亦言君子小人從來不能並立帝責其率妄調外蓋在魏忠賢未敗以前溫體仁撰媚璫詩刊送

京外魏忠賢伏誅言路請去體仁帝喜其柔順置不理其後體仁固結主知不數年位躋宰輔濁亂朝綱明祚遂不可爲矣夫賢奸不兩立是非不混淆懷宗時國步極艱進賢退不肖猶恐弗濟乃賞罰不當綱紀不存欲保宗祏豈可得乎是以終明之世誤國是者前則溫體仁後則阮大鋮皆崔魏黨也蓋正邪不分則綱紀必亂孟子所謂上無道揆下無法守君子犯義小人犯刑國之所存者幸也我
太祖嘗訓諸子云賢者不尊之顯之則賢者何由而勸不肖者不誅之黜之則不肖者何由而懲毋嗜利而宜嗜義毋好貨而宜好德蓋爲國之道莫貴於德義我自昔行之不怠

汝等識之我所以訓汝等者惟此而已此整飭綱紀之道
也願
陛下遵之守之則王室之隆可坐而致矣
興亡彙鑑五篇 國初政事皆有精意 明末政事皆爲具文

康熙十八年己未八月
上諭大學士等曰自古帝王治天下之道因革損益期於盡善
原無數百年不敝之法果屬不可行者自應參酌時宜歸
於可久至於制度既定事可遵行不宜議論紛紜朝更夕
改近閱奏章亦有不思事之可否但欲大爲更張或纔識
數字即爲大言準之事理殊屬茫昧如徒逞空言無補實

用其誰不能且明末一切事例游移不定上無道揆下無法守以致淪亡此皆爾等所親見亦衆所共知今後凡條奏本章爾大學士等務加詳酌欽此 卷六 聖訓

臣謹案

國朝自

世祖入關議禮制度考文損益前代至

聖祖時政治稱極盛焉平三藩征準夷政在經武也去明苛稅永不加賦政在愛民也訂俄羅斯之約聯大西洋之交政在懷遠也而且闡明藝術擢用西人東西歷史家未嘗不交稱之臣歷考中國帝王未有如我

聖祖之美備者乃
誥誡廷臣爲治須求實用勿逞空言者何哉蓋立法宜審行法宜信立法審則準勢度情人之率從也易行法信則循名責實人之違背也難管子曰國君之重器莫重於令令重則君尊君尊則國安令輕則君卑君卑則國危又曰不法法則事毋常法不法則令不行令而不行則令而不法也法而不行則修令者不審也又曰令則行禁則止憲之所及俗之所被如百體之從心政之所期也管子爲吾國大政治家其言多與孟特斯鳩伯倫知理相合然論治之要在乎令行禁止而其原又在審所修令如百體之從心此

卽

聖祖酌時宜求實用之意也臣 考康熙四年廣東總督盧崇俊
疏言國之大利在於政治簡易國之大弊在於法令繁多
法令一多則內外衙門在大官惟成例是遵每多查駁之
煩在有司惟功令是畏有不遑救過之慮豈能計及民生
之休戚而施撫字之仁耶且因叢迫之際以致左右作奸
則民生愈受其困矣一法立則一弊生故法愈多而弊愈
滋夫滋弊由於法多則救弊在於減法有不辨自明者矣
向來立法之密其意在於除弊安民奚知弊反從此而滋
民又從此而擾乎（載皇清奏議）御史陸隴其亦言簿書文移上下

所憑以爲信者也然今上之施於下者非必其盡行也以應故事而已下之申於上者亦非必其盡行也以應故事而已而徒使奸豪得借以爲資而成其所欲此可不思所以省之乎宜務在必行不爲虛文庶官吏得盡心於職業亦以少損奸豪之虛僞此以簡爲貴者也三魚堂文集夫以

聖祖之立法審慎如是兩臣猶恐法令愈多民生愈擾時以簡易進規足見當時上下交儆相得益彰度國力揆民財先後緩急之間權衡至當使天下有所適從法出旣順人情令行斯如流水讀已未

綸言不深見治亂興亡之理歟未完

興亡彙鑑五篇 國初政事皆有精意明末政事皆爲具文續前

順治十年

世祖嘗謂范文程曰明太祖所定制度章程規畫周詳歷代之君實皆不及 卷一 聖訓 是明初政事亦未嘗不善也迨及季世人心作僞流弊繁萌立法自立法行事自行事紙片上之政治與事實上之政治迥然不侔從虛文觀之則百廢具舉就實事核之則百舉具廢此顧炎武所以瞙眊而不行上下相蒙莫甚於明之末世也 日知錄法制條 泰西法學家云立法不行不如無法夫亡國之君未有不先亡法者法之所以亡大抵立法不準情勢遂至行事不易率從君子犯義

小人犯刑國未有不亡者也昔宋臣歐陽修諫其君云言多變則不信令頻改則難從令出令之初不加詳審行之未久尋又更張以不信之言行難從之令故每有處置之事州縣知朝廷未是一定之命則官吏咸相謂曰且未可行不久必須更改或曰備禮行下略與應付指揮旦夕之間果然又變至官吏更易道路疲於送迎符牒縱橫上下莫能遵守中外臣民或聞而嘆息或聞而竊笑嘆息者有憂天下之心竊笑者有輕朝廷之意欲威天下其可得乎（居士集卷四十六準詔上封事）朱熹亦云今日降一詔明日行一令欲以惠民而適增其擾者有之欲以興利而益重其害者有之紛紜

叢脞既非君道所宜宣布奉行徒爲觀聽之美而已（朱子文集壬午封事）兩儒言宋末之弊與炎武言明末之弊如出一轍足見因革損益必先審其可行者次第措施方無淩亂虛飾之患我

聖祖嘗閱皇明祖訓

御書其後云萃列后之謨兼衆智之美至於去邪納諫之規勸政愼刑之誠內而宮闈之禮教外而朝堂之政令胥盡於斯焉其後世子孫漸至陵替者豈貽謀之未臧歟由不能善守之故也（御製文集雜著門）

聖祖此言其深知明代喪邦之所自歟

興亡彙鑑六篇 國初財政之裕明末財政之絀

大學言生財有大道生之者衆食之者寡爲之者疾用之者舒此誠萬古不易之理萃東西各國財政家莫能外範圍矣夫富國之本在盡地力明初沿元之舊錢法不通而用鈔又禁民間以銀交易不便民極矣乃洪永熙宣之際物阜民康者何哉蓋重農勸商民鮮失業又開屯田中鹽以給邊軍餫餉不仰給縣官故上下交足軍民胥裕其後豪强壞屯田計臣變鹽法邊兵仰食太倉轉輸恆虞不給世宗虛耗府庫匱竭神宗加賦海內罷敝至懷宗時困窮尤甚崇禎八年給事中何楷上節財疏稱戶部舊新兩餉

數目舊餉歲入四百二十三萬九千餘兩歲出四百二十九萬三千餘兩新餉歲入八百五十七萬三千餘兩歲出七百八十六萬餘兩合計應剩六十五萬九千餘兩而頻年徵調留者錮者緩者逋者歲缺額二百三十餘萬觀於孫傳庭巡撫陝西朝廷無一餉予之賴傳庭釐得屯課銀十四萬五千餘兩米麥萬三千五百餘石聊以充餉史可法巡撫安慶公費歲僅四百三十兩紙牘費歲僅七百兩財政困難至此卽無流寇外患而國已不國矣（以上皆引欽定明史續通考并史忠正集）我

朝承明之後民猶此民土猶此土也經

聖祖仁皇帝休養生息六十一年戶部庫存八百餘萬雍正間漸積至六千餘萬自西北兩路用兵動支大半乾隆初部庫不過二千四百餘萬以上據阿桂疏及新疆開闢之後用帑三千餘萬而戶部反積存七千餘萬及四十一年兩金川兵事用帑七千餘萬庫帑仍存六千餘萬至四十六年增至七千八百萬且普免天下錢糧五次普免七省漕糧三次巡幸江南六次共計用帑不下二萬萬兩五十一年之詔仍存七千餘萬又逾九年而歸政其數如前以上引聖武記是時戶部總册各省實徵歲入銀四千三百五十九萬餘兩俸薪兵餉驛站等費歲出銀三千

一百七十七萬餘兩歲略餘存銀一千零八十一萬餘兩見乾隆五十七年重華宮茶宴聯句詩注府庫充實民物豐厚以此時爲最盛臣詳考國初財政之所以裕蓋有四道焉一重農二崇儉三重治貪婪之罪四嚴禁奢靡之習謹逐條略敘於後凡明末與此相反者亦附考焉未完

興亡彙鑑六篇國初財政之裕明末財政之絀續前

重農

自古國取諸民民取諸土善治國者使其民土地闢田野治樂歲終身飽凶年免於死亡百姓足君孰與不足欽惟

我

太宗遼瀋肇基天聰九年嘗以築城之故偶致耕種愆期遂
召諭諸臣毋得濫役傷農違者將該管牛彔章京治罪崇德二
年又
諭戶部勸農凡播穀必相土宜土燥則種黍穀土溼則種秫稗
七年又
諭大學士等令牛彔屯莊查勘田土鋤墾與否如有未鋤者撥
工助之重農若是故以東三省之地年年征戰用無不足
民不罷命開國方略
世祖統壹寰宇順治元年定墾荒例六年定州縣以上官考成
視勸墾多寡催督勤惰爲殿最八年

命御史巡視各省土田九年令八旗退出晌地并各駐防地照
開墾例招墾
聖祖實行王政矜恤民生
聖訓中重農桑一門乃六十年中休養生息之要道臣恭考精
意不外申飭有司毋得私派夫役濫准詞訟嚴禁吏胥指
公需索土豪魚肉良善致妨農業邊遠之地自吉林烏喇
至黑龍江以蒙古席北打虎兒索倫等人力耕種遣員視
收穫多者敍之歸化城一帶則借耕牛製鐵器以資農用
達爾鄂莫各莊則派壯丁發米糧以興農事其尤異者塞
外新墾地禾苗高七八尺穗長一尺五寸古北口穀田一

穗三千粒豐澤園稻田六月而大熟此見當時播種之法灌漑之工有不可及者也雍正二年

世宗諭各省督撫講求農林畜牧曰舍旁田畔以及荒山曠野度量土宜種植樹木桑柘可以飼蠶棗栗可以佐食柏桐可以資用卽榛楛雜木亦足以供炊爨其令有司督率指畫課令種植仍嚴禁非時之斧斤牛羊之踐踏姦徒之盜竊亦爲民利不小至蓄養牲畜如北方之羊南方之彘牧養如法乳字以時於生計咸有裨益又

諭令怡賢親王開墾畿輔營田墾成千餘頃以上徵引分見開國方略聖訓及大淸會典等書

國初農政修明如此所以府庫充足民物康阜政事修理風俗純良孟子所謂老者衣帛食肉黎民不飢不寒然而不王者未之有也明朝自萬歷以後籌國用者但計加派不顧民生今日數百萬明日數百萬取諸下者朘削而來用諸上者泥沙而去民不堪命弱者轉於溝壑强者流爲盜賊迨至流寇四起土地荒蕪而國計愈不可問矣侍讀倪元璐諫加派疏云今民最苦無若催科請自崇禎七年以前一應逋負悉與蠲除斷自八年督徵有司考成亦少寬之東南雜解擾累無紀如絹布絲棉顏料漆油之類悉可改從折色此二者於下誠益於上無損民之脫此猶湯

火也至發弊而遠追數十年之事糾章一上蔓延不休扳贓而旁及數千里之人部文一下寃號四徹誰有以民間此苦告之陛下者乎及今不圖日蔓一日必至無地非兵無民非賊刀劍多於牛犢阡陌決爲戰場陛下亦安得執空版而問諸燐燹之區哉帝是之而不能用我

仁宗讀史至此

御製詩云知是不能行小補實大誤觀此可知理財之道必以足民爲尤亟矣未完

興亡彙鑑六篇 國初財政之裕明末財政之絀續前

崇儉

天命六年乙卯十一月
太祖出獵恐浮雪汚衣束襭而行侍衛卜揚古等以一衣何足
惜
上曰朕躬行節儉微物必惜此即一絲一粟當思來處不易之
意
太宗諭鞍轡不得以金爲飾
世祖修榮親王塋殿但期足蔽風雨嚴禁華侈傷民以上皆聖訓節儉門
開國規模尊尚樸質順治八年以督催織造官役騷擾驛遞罷
之停陝西織造羢羯粧蟒卻江西造進龍盌十一年以江
浙連年水旱停織造二年

聖祖常論宮中服用以各宮計之尚不及明朝妃嬪一宮之數
　三十六年之間尚不及明朝一年所用之數康熙二十九
　年
上以前明宮殿樓亭門名幷
　慈甯宮
　甯壽宮
　乾清宮及老媼數目宣示外廷
諭天旱欲減宮人及所用器物
飭羣臣將故明宮中用度察閱尋廷臣奏查故明宮內每年用
　金花銀九十六萬餘兩今悉充餉光祿寺送內用二十四

萬餘兩今止三萬兩每年木柴二千六百餘萬斤各宮牀帳輿轎花毯之屬二萬餘兩今俱不用政宮殿樓亭門名七百八十六座今不及十分之三至各子殿壁址牆垣甎用臨清木用楠木今修造出於斷不得已用常甎松木而已時光祿寺年用銀十萬兩工部二三十萬兩較之明朝省十之九而

上猶以工部每月輒用數萬兩

諭以內廷除賞賜外一應工作費用月不及千兩四十九年

上謂萬歷以後內監有在御前服役者故明季事蹟知之獨詳嘗以明朝費用甚奢工作亦廣宮中脂粉錢四十萬兩供

應數百萬兩

世祖登極悉除之紫禁城內鋪地甎橫竪七層工作俱派民間今器用樸素工作皆現錢雇使明季宮人九千人內監十萬人今宮中不過數百人先是光祿寺歲用六七十萬工部百餘萬

聖祖晚年光祿寺年僅四五萬工部十五萬是以國庫充盈萬民樂業至雍乾時而豐亨豫大爲中國歷史所未見皆

聖祖節用愛人實有裕後之道也（以上分引皇朝文獻通考及通志通典等書）近日各國

皇室經費多有定制上之取諸下也不能任意誅求下之供諸上也無不歡心進奉

朝廷志切治平欲為天下謀樂利伏願以
祖
宗節儉之心為心而又歷考各國皇室經費亟為定制取之有
道用之有度則明季流弊自不致再見於後世矣此天下
萬世之福也（未完）

興亡彙鑑六篇（國初財政之裕明末財政之絀續前）

重治貪婪之罪
國朝在雍正乾隆間嚴刑罰以懲侵帑臣於本年三月初五日
講義既論其事今請復詳言之我
世祖初定華夏鑒明末積習

賜宴內大臣大學士尚書侍衛等於中和殿勉以潔己奉公戒
以貪黷相尚（開國方略）順治八年
申諭八旗舊人毋得貪惡順治九年
嚴飭六部諸臣毋通賄賂（皆見聖訓考續門並誡飭臣下門）
開國典謨本不容貪人肆虐
聖祖以仁德治天下然於貪婪之罪無絲毫寬假康熙二十四
年將秋審冊內因貪獲罪人員一律正法
諭曰別項人犯尚可寬恕貪官之罪斷不可寬此等人藐視法
紀貪汙不悛者祇以緩決故耳今若法不加嚴不肖之徒
何以知警此內貪官耿文明等正法外其餘正犯俱照議

完結欽此甚至大臣穆爾賽九卿會議欲貸之
聖祖神斷立用重典
諭曰穆爾賽身爲大吏貪酷已極穢跡顯著非用重典何以示
懲九卿會議穆爾賽事瞻顧徇庇并未詳明議罪朕不立
斷誰肯執法治天下以懲貪獎廉爲要廉潔者獎一以勸
衆貪婪者懲一以儆百欽此
世宗御極首先淸釐庫款嚴禁侵欺挪移犯者立行正法皇朝文獻通考
官吏則量給養廉力除餽送錢糧則責成牧令連及經
承見雍正五年六年聖訓察吏門
高宗嗣立嘗因山西布政使薩哈諒學政喀爾欽贓款敗露嚴

法懲治
諭天下臣工曰
皇考整飭風俗澄清吏治十有餘年始得丕變今不數年即有
蕩檢踰閑之事既不知感激朕恩并不知懍遵國法將使
我
皇考旋乾轉坤之苦衷由此廢弛言念及此爲之寒心因
特命吏部侍郎楊嗣璟前往會同巡撫喀爾吉善以重法懲之
臣考
高宗朝刑典楊灝侵帑巡撫九卿科道擬罪太輕
上怒一律議罪議處有差固爲大獄此外因貪婪伏法者有總

督勒爾謹伍拉納巡撫恒文國泰蔣洲方世儁阿思哈良卿王亶望郝碩福崧張力行回疆辦事大臣高樸學政喀爾欽布政使薩哈諒于易簡楊龍文王燧王廷贊運使柴楨道府保德普喜根敦札布王岱通判武元成知縣呼世圖羅學旦駱玉圖臧根嵩吳秉禮黃汝亮段成功馮其拓楊家駒程棟陸瑋那禮善楊惪言鄭陳善蔣重熙宋學純李元椿王臣許山斗詹輝璘陳鴻文黎珠伍葆光舒攀桂邱大英陳澍伯衡孟衍泗萬人鳳徐樹柟陳韶甚至大學士李侍堯莊有恭後雖赦用然當時庇護贓私則必定斬監候秋後處決以懲之不因其官崇減等也定例凡官員

犯贓罪者於限內完贓准其減等發落而
高宗則以貪官除參款外必有未盡敗露之贓私完款減輕難
示懲儆不准減等照贓治罪（以上皆載嚴法紀門）聖訓六十年中所
有因貪棄市者不過數十人而弊絕風清民康物阜上下
充裕稱極盛焉所謂辟以止辟者此之謂也明朝自泰昌
以後朝政無綱貪風大熾鄒元標疏論云剝生民脂膏以
媚要津竭公家庫藏以充私囊折費千萬視爲簞豆郵使
絡繹迹遍列省贖鍰不足佐之公帑公帑不足託之郡邑
承順者輒曰辦事薦揚恐後拂志者輒曰無才彈罷恐遲
財在天地止有此數用之者既如泥沙取之者又安得不

盡錙銖上有盜竊之行下又安得有自殖之民無惑乎杼
軸空而饑餓者衆也南皐奏議觀我
朝法嚴則吏飭民遂其生明朝法弛則官貪民失其所益
知治天下者不貴煦仁孑義矣然而行於上方能效於下
無諸己方可非諸人我
列聖內自宮闈外自親貴皆尙廉潔而戒貪黷本源淸淨自無
濁流若明懷宗之世用法未嘗不嚴乃自皇親國戚競尙
貨殖樞相陳演至長安已陷猶以賄聞迨京師失守竟因
貲多難行靦顏降賊被拷喪軀其朝廷穢濁至此雖有嚴
刑峻法何益於風俗人心哉董仲舒曰正朝廷以正百官

又爲懲貪之本原也惟

陛下留心加察天下幸甚（未完）

興亡彙鑑六篇（國初財政之裕明末財政之絀續前）

嚴禁奢靡之習

國朝起自遼東風俗敦厚

太宗崇德元年

上御篤恭殿見大小臣工

諭以崇尚節儉毋事華靡爾時服式有制（天聰六年節儉門聖訓）喪葬有禮（天聰二年聖訓節儉門）宰殺馬贏牛驢有禁（天聰元年聖訓節儉門）王

公將相不敢以奢華恣慾故不致貪黷取民儉以養廉此

之謂也

聖祖以樗蒲之戲廢棄本業敗人性質傾人家產大爲風俗之害於是

諭刑部嚴禁賭博康熙七年嚴法紀門聖訓

世宗以鹽商奢侈無度衣服屋宇窮極華靡飲食器具備求工巧俳優妓樂恒舞酣歌宴會游嬉殆無虛日金錢珠貝視爲泥沙於是

諭鹽政嚴行禁止雍正元年八月厚風俗門聖訓因祭

陵至盛京見城內酒館幾及千家平素但以演戲飲酒爲事

諭將軍等力改陋習東華錄雍正三年四月庚辰

高宗以鍋燒有妨民食疊次嚴禁（乾隆二年及二十三年聖訓嚴法紀門）凡此皆欲厚風俗以維財政也大抵風俗愈奢國家愈窘分利之人多生利之人少國未有不貧者也我

高宗諭云厚生之道在於務本而節用節用之道在於崇實而去華朕聞晉豫民俗多從儉樸而戶有蓋藏惟江蘇兩浙之地俗尚侈靡往往家無斗儲而被服必極華鮮飯食靡甘澹泊兼之井里之間茶坊酒肆星列棊置少年無知游蕩失業彼處地狹民稠方以衣食難充爲慮何堪習俗如此民生安得不愈艱難朕軫念黎元期其富庶已將歷年各項積欠盡數蠲除小民乘此手足寬然之時正當各勤

職業尙樸去奢以防匱乏豈可習於侈靡轉相倣效日甚一日積爲風俗之憂也地方大吏及守令有臨民之責者皆當徧行化導宣朕德音縉紳之家尤宜躬行節儉以率先之布帛可安不必文綺也粗糲可食不必珍饈也物力可惜毋滋浪費終身宜計毋快目前以儉素相先以撙節相尙必能漸返純樸改去積習庶幾唐魏之風焉欽此皇朝文獻通考國用考節用門

乾隆時豐亨豫大爲三代後所未見猶且力戒奢華豫防匱乏之宜乎上下交裕也明末則不然呂坤諫傳造羢綢緞絹疏云官府散派民間急於星火百姓苦於催迫遂棄農桑捻線者數十萬戶工作者聚數萬人提花染

色日夜無休千手經年不成十疋以此見宮中之尙美麗
也謝良琦王生傳云生善琵琶烈皇帝時游王公貴人家
爭以上客處之凡女弟子學琵琶必以生爲師以此見親
貴之樂聲伎也趙吉士筆記謂萬歷末年民間好葉子戲
圖宋寇姓名而鬭之名曰馬吊崇禎時此風大盛以此見
民間之好偷惰也朝野上下風俗至是國欲不貧不亡不
可得也乃至北都已失江左偏安而朝貴詞箋名流鐙舫
猶復流連忘返一食萬錢風俗之移人如此其甚哉不賴
我
列聖力挽頽流上臻隆厚中國安有承平之日耶惟

陛下以明末爲戒以
祖
宗爲法敦本善俗力求郅治天下幸甚

興亡彙鑑七篇 國初軍事之强明末軍事之弱

孟子曰天時不如地利地利不如人和斯言也其萬古不易之兵法歟觀我
太祖龍興之初父子君臣同心合力戰勝攻取日闢百里乃知我之强而興者無他人和也明朝君臣上下離德離心一事未行羣言囂鬨智士不得竟其謀勇將不能施其力互相猜忌遂喪邦基乃知明之弱而亡者亦無他人不和也

請先敍其事而後闡其理

太祖天命四年己未薩爾滸之戰我兵數萬破明兵二十萬我所由興明所由亡實判於此是以

高宗御製文特書其事當是時明帝萬歷荒政畿輔山東山西河南江西及大江南北相繼告災疏皆不發舊制給事中五十餘員御史百餘員至是六科止四人十三道止五人在外巡按率不得代六部堂官僅四五人都御史數年不補督撫監司亦屢闕選官及四方教職積數千人以吏兵二科無掌印不得畫憑滯留都下攀執政輿哀訴職業盡弛上下解體方從哲獨相昵羣小將順帝意無所匡正以上

皆明史方從哲傳

萬歷四十六年戊午四月我大淸兵破撫順守將王命印死之遼東巡撫李維翰趣總兵張承允等戰歿遠近大震起兵部侍郎楊鎬往經略大學士方從哲兵部尚書黃嘉善日發紅旗趣進兵以上皆明史楊鎬傳時朝政無綱人心已去識者早知其必敗御史王象恆力言非策引哥舒翰出潼關爲戒不聽集兵瀋陽二十四萬分四路出師左翼中路以杜松王宣趙夢麟督兵六萬由渾河出撫順關張銓監之右翼中路以李如柏賀世賢督兵六萬由淸河出鴉鶻關閻鳴泰監之北路以馬林麻岩督兵四萬由開原會葉赫兵二萬出三岔口潘宗顏監之

南路以劉綖督兵四萬會朝鮮兵二萬出寬甸口康應乾監之期以己未萬歷四十七年三月二日會二道關並進大雪期泄我

太祖集兵興京以備明將杜松素勇輕敵欲立首功先期出撫順關日馳百餘里抵渾河河流急多溺斃車營五百阻水不克渡三月朔

太祖納大貝勒代善議以南北二路皆山險難卽至宜先破中路兵時杜松以三萬餘衆屯薩爾滸自引兵二萬圍界藩我築城夫役四百人伏谷口以拒會

四貝勒大貝勒援兵至

太祖親統六旗兵攻薩爾滸明兵列營陣發鎗礮我兵仰射之奮力衝擊破其營壘遂合攻界藩大破之杜松王宣趙夢麟皆歿於陣復破潘宗顏軍於芬斐山馬林收殘卒走開原葉赫兵中途遁還兩路軍破楊鎬急止李如柏劉綎惟如柏還綎已深入距興都五十里未知西北之敗也

太祖移軍禦之綎於諸將中最驍勇善鐵刀天下稱劉大刀軍行皆持鹿角止卽成陣礮車火器甚練

太祖使持杜松令箭言西軍已薄敵城趣出陣戰綎以無號礮詰之卒詭傳礮綎棄鹿角出戰大貝勒引右翼兵冒杜松旗幟衣甲給入綎營大呼格殺軍遂潰綎力戰死復乘大

風晦冥破康應乾及朝鮮兵於富察之野是役也明傾天下之力盡徵宿將猛士及朝鮮葉赫精銳同日深入使我不能兼顧我軍不過四五萬五日之間摧破明師殆盡斬殺十數萬獲駝馬甲仗礮車軍實數百萬明自此次摧破宿將凋敝益不能支興亡之機實決於是我之以寡取勝由於上下協力明之以衆致敗由於君相無謀雖曰天心抑亦人事使然也以上徵引見御製文集東華錄明史聖武記各書未完

興亡彙鑑七篇國初軍事之強明末軍事之弱續前

三路大破明師以後明將馬林收殘卒保開原我乘勝攻克之休士馬界藩避暑秋七月克明鐵嶺八月滅葉赫於

是我疆域西至遼南至朝鮮東至海北抵黑龍江屹然稱彊國矣明自楊鎬喪師臺省交劾之逮下獄前巡遼御史熊廷弼夙有邊才熟於遼事起爲河南道御史尋代鎬經略時諸城堡軍民盡竄數百里無人跡中外謂必無遼廷弼上言遼左京師肩背河東遼鎭腹心開原又河東根本欲保河東開原必不可棄敵未破開原時北關朝鮮猶足爲腹背患今破開原北關不敢不服遣一介使朝鮮不敢不從既無腹背憂必合東西以交攻然則遼瀋何可守也因兼程冒雪徧察形勢自虎皮驛抵瀋陽赴撫順遣將士備芻糧修器械招流亡簡士馬肅軍令主固守不浪戰集

兵十八萬分布靉陽清河撫順柴河三岔鎭江諸口小警自禦大警互援首尾相應更選精銳爲游徼乘間掠零騎擾耕牧更番迭出以待機會相持不戰者歲餘明年庚申（我天命五年明萬歷四十八年）五月我大清兵略地花嶺六月略王大人屯八月略蒲河給事中姚宗文御史顧慥馮三元等劾廷弼出關踰年漫無定畫廷弼上疏求勘言遼師覆沒臣始驅羸卒數千踉蹌出關至杏山而鐵嶺又失廷臣謂遼必亡而今且地方安堵舉朝帖席此非不操練不部署者所能致也令箭催而張帥殞命馬上催而三路喪師臣何敢復蹈前軌因乞罷去明

帝以袁應泰代之會蒙古大饑多入塞乞食應泰招降數萬分處遼瀋二城議者多言收降太濫恐有間諜禍且叵測宜徙他地應泰不聽降人多占民居婦女遼人怨憤我朝厚撫遼人皆爲我耳目天命六年春攻明瀋陽明總兵賀世賢勇而嗜酒見我偵騎數十率千餘騎來追我兵誘之北遇伏降人內應遂克瀋陽賀世賢尤世功皆戰死明總兵童仲揆陳策來援次渾河石硅土司秦邦屏先渡河營橋北策仲揆統浙兵三千營橋南邦屏壘未就我師急攻邦屏戰死諸將渡河走入浙營我兵圍之數重營中發火器多殺傷未幾火藥盡我兵萬矢叢集策仲揆皆戰死

我兵遂攻遼陽袁應泰盡撤奉集威甯諸軍并力城守決濠列火器自督總兵侯世祿等出城五里迎戰敗之始斂兵分脾固守

太祖命塞濠壅水攻陷其城袁應泰佩印自焚死民人結彩焚香迎

上鼓吹入夾道呼萬歲於是遼河以東堡塞營驛及海蓋金復耀諸州大小七十餘城俱下遂定議遷都遼陽實爲統壹中夏之基焉 徵引分見華錄 聖武記東欽定明史未完

興亡彙鑑七篇 國初軍事之强明末軍事之弱續前

遼瀋既失軍民逃亡自塔山至閭陽二百餘里煙火斷絕

京師大震明帝納大學士劉一燝御史江秉謙請盡謫前勍熊廷弼諸臣而起廷弼於家乃建三方布置策廣寧登萊各設巡撫而經略駐山海關節制三方以廷弼爲兵部尙書兼右副都御史駐山海關經略遼東事務王化貞爲廣寧巡撫陶朗先爲登萊巡撫先是王化貞部署軍事沿遼河置六營又分戍西平鎭武柳河盤山諸要害及廷弼至言今日但宜固守廣寧若駐兵河上兵分則力弱敵輕騎潛渡破其一營則諸營並潰河上祇宜游徼兵更番出入示敵不測自遼河至廣寧三百餘里稍置烽戍傳哨而大兵悉駐廣寧深濠高壘以俟廷弼又言三方建置須聯

絡朝鮮請亟發敕使往勞彼國君臣俾盡發八道之師連營江上助我聲勢又發詔書憫恤遼人之避難彼國者招集團練別爲一軍與朝鮮軍合勢而我使臣即權駐義州控制聯絡俾與登萊聲息相通於事有濟更宜發銀六萬兩分犒朝鮮及遼人而臣給與空名劄付百道俾承制拜除其東山礦徒能結聚千人者即署都司五百人者署守備將一呼立應而一二萬勁兵可立致也因薦監軍副將梁之垣生長海濱習朝鮮事可充命使帝立從之且命如行人奉使故事賜一品服以寵其行之垣乃列上重事權定職掌八事帝亦報可之垣方與所司議兵餉而化貞所

遣都司毛文龍已襲取鎭江奏捷舉朝大喜亟命登萊天津發水師二萬應文龍化貞督廣寧兵四萬進據河上合蒙古軍乘機進取而廷弼居中節制命旣下經撫各鎭互觀望兵不果進頃之化貞備陳東西情形言敵棄遼陽不守河東失陷將士日夜望官軍至卽執敵將以降而西部虎墩兎炒花咸願助兵敵兵守海州不過二千河上止遼卒三千若潛師夜襲勢在必克敵南防者聞而北歸我據險以擊其情可盡也兵部尚書張鶴鳴以爲然奏言時不可失御史徐卿伯復趣之請令廷弼進駐廣寧薊遼總督王象乾移鎭三海會化貞復馳奏敵因官軍收復鎭江遂

驅掠四衛屯民屯民據鐵山死守傷敵三四千人敵圍之
益急急宜赴救於是兵部愈促進師化貞卽以是月渡河
廷弼不得已出關次右屯而馳奏海州取易守難不宜輕
舉化貞卒無功而還化貞素騃不知兵及與廷弼議不合
益爲大言謂不必籌登萊水師也有皮島毛文龍在不必
籌士馬甲仗也有蒙古助兵四十萬在不必籌芻糗也有
遼人可因之糧壺漿牛酒在不必謀鄉導也有降將李永
芳內應在不必修守備也有敵人新築遼瀋諸城在廷弼
極言遼人不可用蒙古不可恃永方不可信廣寧多間諜
不可忽營壘城濠不可不嚴備化貞一切反之且言願得

六萬兵一舉蕩平兵部尙書張鶴鳴篤信之無言不從廣
寗兵十四萬廷弼關上無一卒徒擁經略虛號延綏入衛
兵不堪用廷弼請罪其帥杜文煥鶴鳴議寬之廷弼請用
卜年鶴鳴駁之廷弼奏遣之垣鶴鳴故遲其餉毛文龍鎭
江之捷廷臣以爲奇功廷弼言三方兵力未集文龍發之
太早致敵恨遼人屠戮四衛灰東山之心寒朝鮮之膽奪
河西之氣亂三方幷進之謀誤屬國聯絡之算目爲奇功
乃奇禍耳廷臣多不服其言廷弼又言臣議三方布置必
使兵馬器械舟車芻茭無一不備而後剋期齊舉進足以
戰退足以守今臨事中亂雖樞臣主謀於中撫臣決策於

外卜一舉成功臣猶有萬一不必然之慮也鶴鳴方集廷議欲去廷弼專任化貞而我師圍西平堡化貞信中軍孫得功計盡發廣寧兵畀得功及祖大壽往援幷檄鎭武閭陽之師共援西平遇我師於平陽橋得功先遁鎭武閭陽兵亦潰總兵劉蕖祁秉忠戰歿祖大壽走覺華島我師方次沙嶺未進而得功已陰爲內應譌言我師薄廣寧城中大亂化貞狼狽攜二僕走遇廷弼大淩河化貞哭廷弼笑且憤乃以己所將五千人授化貞使爲殿盡焚積聚護難民數十萬入關孫得功迎王師入廣寧錦州大小淩河松山杏山右屯前屯四十餘城堡皆降大軍略地至中左所

而還乃留諸貝勒統兵守廣寧而移河西歸降各官民於河東未幾明帝逮熊廷弼王化貞下獄廷臣袒化貞而攻廷弼太監魏忠賢專政恨廷弼借汪文言行賄案殺廷弼傳首九邊且誣及楊漣高攀龍左光斗諸君子正人一網打盡人心愈解散矣徵引分見聖武記東華錄及明史未完

興亡彙鑑七篇國初軍事之强明末軍事之弱續前

廣寧既破明帝拜孫承宗兵部尚書兼東閣大學士入直辦事孫承宗高陽人貌奇偉知兵法以王在晉爲經略與薊督王象乾籌邊象乾專主款蒙古以捍東陲在晉專主守關門棄關外欲於關外八里鋪築重城守以兵四萬袁崇煥沈棨等爭之不

得孫承宗請身往決之抵關歷詰其謬且曰不爲恢復計畫關而守盡撤藩籬日閧堂奧畿東其可安枕乎奏請築寧遠要害固守與覺華島相犄角敵人帳幕必不可近關門杏山難民必不可置膜外上十餘疏論軍事還朝侍講筵面奏在晉不足任乃罷王在晉而熄八里築城之議承宗自請督師詔以原官督山海關及薊遼天津登萊軍務承宗辟主事鹿善繼王則古爲贊畫至關令總兵江應詔定軍制僉事袁崇煥建營舍廢將李秉誠練火器善繼則古治軍儲沈棨杜應芳繕甲仗司務孫元化築礮臺中書宋獻羽經歷程崙主市馬廣寧道萬有孚主採木而令游

擊祖大壽佐金冠於覺華副將陳諫助趙率教於前屯游擊魯之甲拯難民副將李承先練騎隊參將楊應乾募遼軍時關以外寧遠以西諸城堡悉爲蒙古所據聲言助守承宗盡驅之邊外使袁崇煥築城寧遠守關外地二百餘里天命十一年（明天啟五年）承宗復命諸將分戍錦州大小淩河松山杏山右屯諸要隘擴地二百里幾復遼河以西舊地承宗在關四載前後修復大城九堡四十五練兵十一萬立車營十二水營五火營三前鋒後勁營八造甲冑器械弓矢礮石渠答鹵楯之具合數百萬拓地四百里開屯五千頃歲入十五萬汰冗兵萬七千餘人省度支六十八萬

當是時魏忠賢盜柄以承宗功高欲親附之令其黨劉應坤等道意承宗不與交一言忠賢大恨之會忠賢逐楊漣趙南星高攀龍等承宗方西巡薊昌念抗疏帝不親覽往在講筵每奏對輒納乃請以賀聖壽入朝面奏機宜欲因是論閹罪魏廣徵偵知之奔告忠賢謂承宗擁兵數萬將清君側兵部侍郎李邦華爲内應忠賢懼繞御牀哭帝亦心疑令顧秉謙擬旨曰無旨離信地非祖宗法違者不宥夜啟禁門召樞臣入令三道飛騎止之又矯詔諭九門承宗若至齊化門反接以入承宗抵通州聞命而返忠賢遣人探之承宗一襆被置輿中後車鹿善繼而已其黨李蕃

崔呈秀徐士化連疏詆陷承宗罷去以高第代棄關外盡撤錦州右屯大小淩河松杏諸城守具將士於關內委棄米粟十餘萬死亡載道幷欲撤寧遠前屯二城僉事道袁崇煥以死誓守不去

太祖知經略無謀天命十二年(天啟六年)大舉西渡自遼河抵寧遠大兵十三萬號二十萬越城五里橫截山海關大路而軍崇煥偕大將滿桂等刺血書誓將士堅壁淸野以俟我軍戴楯穴城矢石雨集崇煥統閩卒發西洋巨礮我軍多傷圍三日解去

太祖用兵如神所向無敵自孫承宗守關數年無進取至是復

爲崇煥所郤不憚者累日乃別道遣兵襲覺華島破守島
明兵二營焚其舟楫芻糧而還是年八月我
太祖升遐明以是兵戈少息云（徵引見聖武記東華錄及明史未完）
興亡彙鑑七篇（國初軍事之强明末軍事之弱續前）
天聰元年（明天啟七年）我
太宗文皇帝嗣立明帝罷高第以王之臣代爲經略不敢議戰
守三月明復設遼東巡撫以袁崇煥爲之先是崇煥覘我
虛實遣使同李喇嘛來弔並賀
卽位我亦以書報之是爲明朝與我議和議戰之始關外四城
袤延二百里北負山南瀕海廣四十里耳屯兵六萬艱於

轉餉故孫承宗復錦州中左大淩諸城開屯足食自高第盡撤去甯遠無外障至是我方遣二貝勒阿敏等征朝鮮崇煥陽遣使議和乘暇欲復舊疆爲屯守計遂遣將爲繕三城以水師援毛文龍遣趙率教等九將偪三岔會朝鮮爲大軍所服諸將皆引還夏五月我師直攻錦州不克移擊甯遠崇煥守城內滿桂尤世祿背城據濠列車營火器以拒

太宗引退踰崗以誘之明兵堅壘不動貝勒代善等請罷攻太宗日攻戰不克何以示威命侍衛冠兜鍪持盾馳進亦不克天方暑乃毀大小淩河二城而還而魏忠賢深恨崇煥使

其黨劾崇煥不出救錦州爲暮氣崇煥乞退以王之臣代復議撤錦州守甯遠會崇禎帝立忠賢伏誅復用崇煥議以遼人守遼土以遼土養遼人野戰非所長惟有憑堅城用大礮守爲正戰爲奇和爲輔數遣使議和皆不就天聰三年（崇禎二年）大舉伐明以蒙古兵爲鄉導兵十餘萬分道深入

太宗惡崇煥欲去之納范文程言將用反間計由喜峰口入圍遵化克之趙率教戰死明帝命薊督劉策扼石門以防西軼我兵趨薊州崇煥率祖大壽等自山海關來援先是崇煥惡毛文龍違熊廷弼節制誤三方布置閒廷弼化貞嫌

隙擅殺文龍時文龍已爲掛印總兵賜尙方劍守皮島明
帝忌崇煥專擅至是京城驟被兵怨謗紛起謂崇煥縱敵
脅和我
太宗設間揚言崇煥密有成約令所獲宦官知之陰縱之歸其
人奔告明帝遂磔崇煥於市祖大壽懼擁兵叛明帝起前
督師大學士孫承宗自通州移鎭關門大壽乃歛兵待命
武經略滿桂督步騎四萬陣永定門我兵詭爲援兵旗幟
宵進滿桂戰死乃爲城下之盟而還明年正月我師下永
平遷安灤州留貝勒阿敏濟爾哈朗統兵分守孫承宗遣
祖大壽張春邱禾嘉馬世龍尤世祿等克復灤州遷安我

師守永平者北還承宗入永平遣謝尚政等復遵化關內四城盡復（貝勒阿敏守永平見明軍勢盛屠永平城北還途被襲師多喪亡至瀋陽太宗震怒議罪幽禁）承宗復出關東巡抵松山錦州而還復西巡徧閱三協十二路條上東西邊政八事遼東巡撫邱禾嘉議復取廣甯義州右屯三城而承宗言廣甯道遠當先據右屯築城大淩河以漸而進兵部尚書梁廷棟主之七月興工甫竣我師大至圍數周承宗赴錦州遣吳襄宋偉往救禾嘉屢易師期偉與襄又不和大敗於長山至十月城中糧盡守將祖大壽力屈出降城復毀廷臣追咎築城非策交章論承宗遂罷去明自崇煥誅承宗去邊事愈不可爲矣（徵引見聖武記東華錄及明史未完）

興亡彙鑑七篇 國初軍事之强明末軍事之弱續前

明自萬歷以後捐稅繁重賄賂公行民不聊生人心思亂崇禎元年陝西大饑羣盜蠭起邊軍乏餉者應之國內大亂及我兵圍燕京延綏固原甘肅臨洮甯夏五鎭兵勤王入援西賊愈熾山西巡撫耿如杞率勁兵五千入援樞府調守通州次日調守昌平又次日調守良鄉三日皆不得餉兵飢掠食逮治如杞五千人潰歸晉賊始起孫承宗旣去主帥無略東西交鬨明遂不可爲矣天聰六年崇禎五年我
太宗滅插漢屯歸化城
賜大同各邊臣書大同巡撫沈棨與議和明帝逮棨治罪自是

無敢言和者天聰七年明登州叅將孔有德耿仲明廣鹿島副將尙可喜以舟師火器來降編孔耿爲天祐兵可喜爲天助兵天聰八年崇禎七年我師四路伐明一從尙方堡之宣府趨應州至大同一由龍門口入會於宣府一由獨石口入會於應州一由得勝堡入歷大同趨朔州另遣將沿邊繞殺虎口會朔州天聰八年復侵明邊並攻錦州且由朔州毀寧武關略代忻應崞天聰十年四月上
太宗尊號改元崇德國號
大淸至是而帝業定矣次年
太宗親征朝鮮降之崇德三年征喀爾喀復兩路伐明入牆子

嶺及靑山關會通州至涿沿山河分六道並進明帝以盧象昇督師象昇饒將略善治軍剿賊屢立功時方丁父憂麻衣視事而樞臣楊嗣昌忌之以重兵屬中官高起潛象昇兵不及二萬又以其半分陳新甲象昇將馬步軍列都城外衝鋒陷陣軍律甚整我師分攻易雄安肅象昇由涿據保定大戰於慶都編修楊廷麟疏言南仲在內李綱無功潛善秉成宗澤殞恨國有若人非封疆福嗣昌怒改廷麟兵部主事贊象昇營象昇無糧餉提飢軍次宿三宮野外畿南父老見之咸泣曰奸臣在內孤忠見嫉公如移軍廣順三郡子弟喜公之來一呼而裹糧從者可十萬象昇

流涕曰感父老義雖然自予與賊角數百戰未嘗衄今者分疲卒五千大敵西衝援師東隔食盡力窮旦夕死矣無累父老聞者咸泣至鉅鹿賈莊遇我師大至起潛擁兵雞澤距五十里不救象昇力戰自辰迄未礮盡矢窮手殺數十人身中四矢四刃遂歿於陣我師取眞定廣平順德大名至山東臨淸渡運河破濟南執德王克城五十降城八俘人口四十六萬白金百餘萬終以山海關未克師還崇德六年（崇禎十四年）我師圍錦州明薊遼總督洪承疇巡撫邱民仰率王樸吳三桂等八鎭兵十三萬集寧遠承疇主步步爲營以守爲戰毋輕舉而兵部尙書陳新甲以師久餉匱

郎中張若麒赴軍催戰承疇遂以兵六萬先進環松山而
陣
太宗親帥大軍擊之截明餉援王樸吳三桂等六鎭兵相繼遁
還洪承疇邱民仰等困守松山明年二月克之民仰戰死
執承疇降之錦州亦降明帝始遣官至盛京議和未幾我
師復伐明左翼自界山毀邊牆入右翼自雁門關黃崖口
入會薊州抵山東兗州克府三州十縣六十七俘人民三
十六萬九千口牲畜五十五萬有奇崇德八年（崇禎十六年）我師
自莒州南來趄天津至涿鹿而還明以大學士周延儒督
師山海關內外設總督二昌平保定設總督二千里設四

督臣又設寗遠永平順天密雲天津保定六巡撫寗遠山海中協西協昌平通州天津保定八總兵專閫星羅事權不壹又派監督太監握重兵牽制之是年八月
太宗上賓
世祖嗣立明之制流寇全恃秦兵自楊嗣昌陷孫傳庭於獄寇愈不可制迨襄城陷始釋傳庭復爲秦督兵皆新集而朝議趣戰急傳庭不得已戰死潼關寇遂進據長安至順治元年三月明流寇陷北京吳三桂來乞師討賊我
世祖召范文程議之遂
命攝政睿親王率師入關戰敗流寇定鼎燕京明朝以是亡我

朝以是興敘此以見興亡之機皆由人事而定可不愼哉徵引見聖武記東華錄及明史未完

興亡彙鑑七篇國初軍事之強明末軍事之弱續前

臣謹案昔文王問太公曰天下熙熙一盈一虛一治一亂所以然者何也太公曰君不肖則國危民亂君賢聖則國安民治禍福在君不在天時六韜盈虛篇觀明與我

朝強弱興亡之故益信此言不爽矣方

太祖起兵復讐討尼堪外蘭僅十三甲明朝撫有十餘省人民數百兆衆寡不敵也

國初據蘇克護河嘉哈河之間地氣荒涼物產稀少明地

寒溫適中宜五穀饒百寶貧富不等也我至天聰五年始鑄紅夷大礮當初率打牲游牧各部落攻城奪地皆用騎射明自佛蘭西貢礮即有西洋火器戚繼光又造無敵大礮器械懸殊也然而我日以強明日以弱者何哉臣詳考當時政治風俗乃知明有亡道七我有興道七明自萬歷荒惰天啓童昏行政用人是非顛倒我

太祖英明國人稱

聰睿貝勒

太宗繼之國人稱

仁聖皇帝是主德明闇不同一也明黨幟分張彼猜此忌我則

君臣父子一德一心是人心離合不同二也明有熊廷弼孫承宗孫傳庭袁崇煥盧象昇等不能用必置之死地我則得范文程於馬前收洪承疇於降虜用之不疑甚至鄂爾果尼及羅科等手射

聖躬戰敗被獲仍赦任之是用人公私不同三也明朝臣不理國事皆畜梨園招致清客歌舞宴集幾無虛日我則以五大臣議政十大臣理事無留獄無壅情軍民皆尚敦樸以殺敵戰勝爲榮是政事勤惰風俗隆汚不同四也明朝每籌一策衆論紛呶我則適野而謀晝地而議上馬傳令行如流水是政令嚴肅與紛更不同五也明之籌財政者皆

務搜括不顧民生人懷怨咨盜賊四起我則肇有金遼繼得蒙古必以撫恤民瘼收服衆志爲主是得民心與失民心不同六也明之本兵贊廟謨者不知兵事操觚妄談今日促師期明日催進戰皆無定見屢誤戎機我則宣戰主自

宸斷各貝勒皆身經戰陣算無遺策是主兵者之才識不同七也積是七端我之強而興明之弱而亡宜也非幸也大抵軍旅之事必合全國政治觀之始可知其強弱但就練兵一面而論未足與談兵也天聰九年文館張文衡奏云明文臣無謀武臣無勇內侍專權上下相蒙諸事敗壞已極

加以宣大飢饉川湖被寇東南復困於新餉乘機進取不可失時
太宗以蒙古察哈爾尙未輯服人心未和倘驟興師恐難戰勝而攻取因責諸臣言戰者宜從實心國事起見方可以成大業
聖謨深遠揆諸兵法攻心攻地之說無不悉合宜乎開創不基也臣伏願
陛下覽興亡之事求强弱之理用人行政秉至公而求至當則豈徒軍事之有起色哉
興亡彙鑑八篇國初之愛民明末之擾民

順治十四年丁酉十月丙子
上諭戶部曰朕惟帝王臨御天下必以國計民生爲首務故禹
貢則壤定賦周官體國經野法至備也明初取民有制休
養生息至萬歷年間海內殷富家給人足及天啟崇禎之
世因兵增餉加泒繁興貪吏緣以爲姦民不堪命國祚隨
之良足深鑒朕荷
上天付託之重爲生民主一夫不獲亦疚朕懷凡服御膳羞深
自約損然而
上帝
宗廟百神之祀軍旅燕饗犒錫之繁以及百官庶役餼廩之給

罔不取之民間誠恐有司額外加派豪蠹侵漁中飽民生先困國計何資茲特命爾部右侍郎王弘祚將直省每年額定徵收起存實數編撰成帙詳稽往牘參酌時宜凡有參差遺漏悉行駁正錢糧則例俱照明萬歷年間其天啟崇禎時加增盡行蠲免綱舉目張彙成一編名曰賦役全書頒布天下庶使小民遵茲令式便於輸將官吏奉此章程罔敢苛斂爲一代之良法垂萬世之成規然此其大略也若夫催科之中寓以撫字廣招徠之法杜欺隱之姦則守令之責也正己率屬承流宣化覈出納之數慎那移之防則布政司之責也舉廉懲貪興利除害課殿最於荒墾

昭激揚於完久恪遵成法以無負朕足國裕民之意則督撫之責有特重焉其敬承之毋忽欽此聖訓理財門

臣謹案孟子言得天下有道得其民斯得天下又言保民而王莫之能禦信乎民之大可貴也我

世祖平流寇定中原親見明之所以失天下者無他失其民也失其民者因捐稅煩重民不聊生命有時日曷喪予及汝偕亡之意內亂迭興外侮交作明遂不可爲矣殷鑒不遠在夏后之世此

世祖所以體禹貢則壤定賦之義

命編賦役全書凡錢糧俱照萬歷以前釐定其天啟崇禎時所

增之稅悉予蠲除是編始於順治十一年成於十四年臣
讀康熙二十四年三月
聖訓以賦役全書將永爲定例因思土田一畝之外有奇零不
足畝者若以毫忽俱改爲釐恐累小民
命纂修官盡心詳愼務求切當至是年十一月給事中楊周憲
奏稱纂修賦役全書將銀之尾數收入釐內糧之尾數收
入勻內不無滋弊恐致擾民於是又
命虛心公議從容確定務期無害民生可垂久遠理財門聖訓 經
兩聖人之籌畫費數十年之時期所經營審愼者無非爲國計
民生而已蓋以民爲邦本食乃民天度地以居民徹田而

定賦因民之所利而利之俾厚其生而安其業故上下相通而公私有濟

列聖相承勤恤民隱賦浮蠲以蘇疲氓慎丈量以杜隱占復除之令歲下賑貸之澤有加凡此皆鑒明末失民之害實行孟子保民之政而已未完

興亡彙鑑八篇國初之愛民明末之擾民續前

明太祖肇命之時當元政不綱盜賊四起帝初渡江取集慶路告諭父老除苛政罷軍需存恤無告民大悅洪武元年振恤天下窮民嗣是免田租勤賑濟歲不絕書八年命有司察窮民詔曰昔吾在民間目擊鰥寡孤獨饑寒困踣

之徒厭生樂死心常惻然今代天理物已十餘年若天下之民流離失所非惟昧朕初志亦且難代天工爾等當體朕懷毋使一夫不獲也十四年定賦役法取民有制我

世祖賦役全書多因之二十年戶部言天下稅課宜視洪武十八年爲比較帝曰商稅多寡歲有不同限以定額豈不病民不從史稱明太祖晚年憂民益切蓋親見元室之亂由於民不聊生也徵引見欽定明史及御撰通鑑綱目三編使明之子孫長體此志則民心何致解散國祚何致傾覆哉乃自萬歷以來壽宮之費數百萬甯夏之費數百萬朝鮮之費數百萬黃河之費數百萬大工之費數百萬採木之費數百萬織造燒造

之費數百萬（以上據呂坤疏）下取諸民者杼軸已空中飽於官者谿
壑未盡今日創一事明日興一工無非剝削民間之計小
民顛連困苦莫可誰何而明帝猶自以爲治於人者食人
此固天下之通義也至崇禎初饑民王嘉允倡亂李自成
等從之白水王二邊盜苗美復合潰兵以應明諸臣剿撫
乖方寇遂大熾分顯道神活地草等爲三十六營而混天
星侵軼商雒過天星盤據汧隴獨行狼屠毒漢南蝎子塊
焚掠河西中原版圖蹂躪盡矣（見明史紀事本末）當是時我
朝兼弱攻昧取亂侮亡明內擾於流賊外迫於强敵思練
兵以戢禍亂復加遼餉剿餉練餉合舊餉共二千餘萬民

生愈蹙不可終日昔人云横征暴斂所以爲後世造興王此言良不謬也崇禎十七年蔣德璟嘗論練餉之害謂民窮禍結皆由聚斂帝曰朕非聚斂但欲練兵耳德璟曰陛下豈肯聚斂然既有舊餉五百餘萬新餉九百餘萬復增練七百三十六萬臣部實難辭責且所練兵馬安在薊督練四萬五千今止二萬五千保督練三萬今止二萬保鎭一萬今止二百若山永兵七萬八千薊密兵十萬昌平兵四萬宣大山西及陝西三邊各二十餘萬一經抽練原額兵馬俱不問幷所抽亦未練徒增餉爲民累耳御撰通鑑綱目三編

以此見明末諸臣託爲國練兵之名爲增餉自肥之計懷

宗亦不察所用之人是否廉潔所辦之事有無功效朝廷徒博虛名民人大受實害怨深禍發致蹈亂亡我聖祖講筵緒論所以深鑒明季諸君之無度必思愛養民力常見有餘

聖慮誠深遠矣

興亡彙鑑九篇國初大臣爲國求才明末大臣爲己植黨

自古天下之治亂全在用人之得失大臣佐君主進退百官一心之公私有極爲治亂得失所關係者不可不察也我

朝開國之初豪傑挺生雲龍風虎固由

列聖知人之哲拔茅彙征然當時大臣之公平亦實有足稱佐命者臣觀大學士范文程致仕家居後之居政府者時詣文程問治道文程曰治安之本首在得人惟培養人才保護善類爲第一義得一賢遠勝理百度也見張宸所撰范文肅傳聖祖時大學士馮溥最以宏奬人才稱凡海内耆宿皆傾心延攬聞人有異才輒大書名姓揭座右汲引如不及天下士歸之如百川之赴巨海焉國朝先正事略他如熊賜履居講官則薦費揚古可任專閫魏象樞長言路則薦湯斌可應鴻博福康安舉楊遇春而武功顯著海蘭察得額勒登保而戰績彌光我

朝在極盛時大臣爲國求才似此類者不勝縷舉也道光中葉以後此風稍替曾國藩嘗寄人書云今日不可救藥之端惟在人心陷溺絕無廉恥無兵不足深憂無餉不足痛哭獨舉目斯世求一攘利不先赴義恐後忠憤耿耿者不可亟得或僅得之而又屈居卑下往往抑鬱不伸以挫以去以死而貪饕退縮者果驤首而上騰而富貴而名譽而老健不死此其可爲浩歎者也（曾文正集復彭麗生書）國藩此書深責大臣用人不當忠義爲之抑塞風俗爲之敗壞是以國藩欲挽頹流於求友之時寓求才之志江忠源氣概異人知其必效節烈羅澤南取與不苟知其必立勳名道光三

十年國藩上應

詔陳言疏以作育人才爲先務咸豐元年復言平日不儲剛正之士以培其風骨而養其威稜臨事安所得人才而用之哉國藩立朝數年屢上封事無不以育才爲主蓋深知致治保邦舍此無他道也其後國藩以一書生卒受

文宗特達之知位兼將相乃得援引羣賢戡平大難是

文宗知人善任實有上承

開國之典謨者宜乎中興紀績而垂統於無窮也歟未完

興亡彙鑑九篇國初大臣爲國求才明末大臣爲己植黨續前

明之初造二祖英明紀綱整飭強者効力智者効謀雖有

不法之大臣必屏四夷而膏斧鉞是以無敢徇私情忘公義書曰無有作好遵王之道無有作惡遵王之路此皆由於皇極克端也自再傳以後紀綱不振威福下移忠佞不分賢奸雜進其內侍之弄權如王振劉瑾魏忠賢之類奸臣之竊柄如徐珵嚴嵩楊嗣昌之類營私植黨無足論矣而阿其所好排斥異己雖賢者亦復不免三楊賢相也而保一王振社稷之禍深矣正統二年正月太皇太后召見楊士奇楊榮楊溥等宣王振至怒曰汝多不法命刃之楊士奇等跪救太后曰皇帝年幼豈知此輩誤人家國我聽卿等請赦之毋令干政未幾太后病振遂不可制張居正能臣也而殺一劉臺言路之氣沮矣萬歷四年御史劉臺奏劾張居正專擅威福居正怒遂下臺獄論戍未幾臺飲於戍所暴卒張四維入閣則排擠戚繼光而長城自壞戚繼光在薊鎮十六年邊防修舉所著紀效新書練

兵實紀談兵家遵用萬歷十年張四維調之廣東繼光悒悒謝病去葉向高當國則袒庇王化貞而邊事日艱天啟二年我兵取四平堡王化貞棄廣寧走先是化貞凡五出師輒引還熊廷弼乞敕化貞愼重舉止化貞言臣願得兵六萬一舉蕩平時葉向高當國化貞座主也頗右之廷議袒化貞而攻廷弼遂撓三方布置之策而致廣寧之敗二百年中似此類者廣不勝書倪元璐嘗論明臣植黨云自神祖中葉以來三四十年間朝廷之局凡三變其始天下靜攝聽臣工羣類之自戰而不爲之理所謂鼠鬭穴中將勇者勝耳故其時其血元黃時勝時敗其繼閹寺擅權脅人處必勝之地正人亦戢心摶志而甘處不勝不敢復言戰脅人亦不曰戰直曰禽獮之耳然其時正人雖攖禍患其心愈益喜曰吾君子也其後魁柄已振握照虛公百爾臣工皆怵然不敢窮戰而

陰制以謀故其時氣戰者敗謀戰者勝謀陽者敗謀陰者勝凡明主所箝鍵以繩貪人者宵人皆借之以陷正人其正人既禍敗卽無可自解曰吾君子其宵人亦不靳歸名君子而但使其無救於禍敗宵人正人皆以不敢言黨而黨愈熾黨愈熾而國事愈不可問矣痛哉斯言雖謂明天下以朋黨而亡可也以上徵引分見御撰通鑑綱目三編明史紀事本末等書或謂泰西以政黨而興明乃以朋黨而亡何哉夫政黨者各抱治國平天下之志政見相同遂結爲黨援求伸其說設其黨中首領或政策失當或心迹不明則其黨立卽解散且討詰其罪故有政見固結之權而無同惡相濟之患若明之朋黨本

無政策之挾持無非聲勢相援引祗圖自全其祿位不顧
國事之傾危我
聖祖諭云讒譖娼嫉之害歷代皆有而明末爲甚公家之事置
若罔聞而分樹黨援飛誣排陷迄無虛日以致釀禍旣久
上延國家朕歷觀前史於此等背公誤國之人深切痛恨
聖訓飭臣工門煌煌
聖謨豈非萬世臣子之金鑑哉

興亡彙鑑末篇

自來爲國之道德不積國不能興弊不積國不能亡大抵
開創之初君擇臣臣亦擇君羣雄相角知人者勝用一人

得一人之效舉一事收一事之功故克輯人心而成帝業數傳以後人主慣操富貴與臣下分勢隔絕求富貴者不惜百出其術以投人主之好人主好武則談兵者至此武宗之所以蔽於江彬也人主好貨則言富者至此懷宗之所以惑於楊嗣昌也夫强兵富國固有天下者之先務而明帝反以此亂天下何哉蓋所用之人一有不當則百弊叢生耳是故典章制度代有不同獨此得人則治失人則亂之理古今中外異途同歸尚書載禹皐益稷伊虺周召之徒告爾后者詳於理而略於制亦以人君能明用人行政之理則制度損益靡不得中治天下如示諸掌矣我

太宗嘗召文館諸臣
諭之曰史書多飾辭全覽無益也今宜於遼宋金元四史內擇其勤於求治而國祚昌隆或所行悖道而統緒廢墮與夫用兵行師之方略以及佐理之忠良亂國之奸佞有關政要者彙纂繙譯成書用備觀覽欽此聖訓論治道門
太宗之言深知治本 臣敬體斯意彙纂此篇於明末
國初用人行政之得失兩相比較可見大略而政事之良窳又全在人才之盛衰明之積弊至萬歷後而日深事不一端其原不外人心陷溺絕無廉恥懷宗御極運際頹流倘能用忠正之儒屏貪饕之士以之籌饟饟不虛縻以之

練兵兵得實用和鄰剿寇兩適其宜滅亡之禍何至若是速哉乃惡君子之剛方斥諸下位喜小人之柔滑寄以重權日言練兵所練者皆虛額日言籌饟所籌者充私囊以致外患內憂同時並起雖曰人之云亡邦國殄瘁明之亡亡於奸璫亂政騈戮正人然用人不善懷宗亦不得辭其咎矣谷應泰曰自古未有端居深念旰食宵衣不邇聲色不殖貨利而馴至敗亡幾與暴君昏主同失而貶均者則以化導鮮術貪濁之風成於下股肱乏才孤立之形見於上是以欲安而得危圖治而得亂也（明史紀事本末）當是時我

太宗龍興遼左用人行政各協機宜不待

王師入關識者早知興亡之豫定矣書曰學於古訓乃有獲唐
太宗曰以古爲鑑可知興替以人爲鑑可明得失欽惟
陛下深鑑明末
國初用人行政之得失興替淸源正本顯忠遂良天下事
豈盡不可爲哉 臣學緜才薄無以爲朝夕啟沃之資謹遵
太祖垂訓法戒及
太宗彙纂政要之義進呈此篇以效葑菲惟
聖明留心加察焉無任懇切跂望之至

興亡彙鑑正誤表

冊別	頁數	行數	字數	誤	正
一卷	第四	第六	小注倒置下	附	衍文
	第五	十四	安字上	又	乂
	第七	十二	挽字下	績	積

諫院奏事録

趙柏巖集
湘潭趙啟霖署檢
國立廣西大學圖書館
CHINA

諫院奏事錄

THE LIBRARY OF NATIONAL KWANGSI UNIVERSITY * CHINA *
國立廣西大學圖書館
115937

諫院奏事錄自叙一

炳麟方御史記名時　先大夫柳溪公集古來諫官得失爲予小子法戒並詔之曰御史言事宜持大體毋毛舉細故毋以訐爲直迨炳麟御史傳到　先大夫已棄世矣遵守遺訓無時敢忘是以待罪臺垣論事疏多彈章極少

天子不棄葑菲採擇者十之六七然問其於世有益乎實無絲毫之補甚有造善因結惡果爲建言人意不及料者嗚呼是又誰之罪耶集而存之以待後人評論凡關外交嚴密及彈劾個人事蹟者皆删焉集成並綴俚句於紙尾

身居滄海橫流日百計何由挽陸沈不必避人焚諫草是非留證半生心宣統三年辛亥六月初一日洮陽趙炳麟識於桂林寓廬

諫院奏事錄自叙二

辛亥六月在桂林編印諫院奏事錄將彈劾疏稿一律删去繼思有未可全付一炬者同時擇關係重大之件另行編輯召梓人至家刊刻印刷皆令門人胡嗣寅看守僅刷十一本一寄存前四川提學使湘潭趙啟霖家一寄存翰林院檢討莆田江春霖家一寄存民政部小京官表兄劉發怡家一寄存廣東直州判門人胡嗣寅家吾族自宋　清獻公孫避難居全州至今分爲四村曰秀溪曰梅塘曰白塘曰櫟樹頭每宗祠各存一本兒子趙元趙成各存一本姪子趙枝堃存一本俾天下後世評論是非知我罪我有所依據此項奏疏係彈劾奕劻袁世凱者當

時雖僅刷十一本而風聲所露桂人皆知迨袁氏稱帝竟有人
密索此書以寄京獻媚權貴余幾受奇禍今事過境遷凡事皆
同泡影因合編於奏事錄內此外凡關個人事蹟者皆焚稿矣
又麟在翰林時曾上書言廣西治匪事并上內治外防十二策
其稿未帶至太原故未附入壬戌六月趙炳麟識於太原之潛
并草廬

諫院奏事錄目錄

卷一

國立慶北大學圖書館

諫院奏事錄卷一

監察御史全州趙炳麟竺垣稿

論立憲預防流弊第一疏

奏爲立憲預防流弊恭摺仰祈
聖鑒事竊讀管子立政篇云首憲既布然後可以布憲首事既布然後可以布事恜恜然慎者在立法之始日本方立憲時明治帝勅國人曰憲法初步宜慎始慎終儻遺忘大計因誤國運進張之機非朕奉祀祖宗之制而收立憲美果之道集思廣益務極周詳此流弊所以寡也我
皇太后

皇上遠稽往古旁採列邦將與天下臣民變通政體勵精圖治超越漢唐 臣愚竊緦緦過慮以爲立憲之始有當預防者謹爲聖主詳陳之凡君主立憲國其君有統一之大權一切關於政治之事不經君主裁正不能施行而君主之所以鞏固其權力者在有下議院以監督行政諸臣故政府權雖重而軍政財政議院不承認政府無從逞其強權雖有梟雄不敢上陵君而下虐民者羣策羣力有以制之今議者雖云採君主立憲制度然其辦法 臣猶有未解者民智未開下議院一時不能成立則無以爲行政之監督一切大權皆授諸二三大臣之手內而各部外而各省皆二三大臣之黨羽布置要區 臣亦知

聖朝厚澤深仁爲大臣者自有天良斷無異志然行之日久內外知有二三大臣不知有
天子雖謂二三大臣之進退操於
君主而黨羽既成根柢深固
天子號令不出一城雖欲進退之烏從下手是流弊必至陵
君此未解者一也且也郡縣貪暴民受其虐今已甚矣而議者猶欲重郡縣權臺諫之職罷疾苦既無由上聞監司之官裁寃抑又無從上訴雖有高等裁判將以制守令之不平然郡縣有離省數千里離京數萬里者鐵軌不通輪舟不到欲其案之達於省中京中無論貧弱者之必不能也卽有力者能達矣而其

人之死於監獄白骨已朽其家之耗於官府黃金已盡況郡縣
全歸奏任任守令者非外政府之親朋則內政府之戚黨也專
摺直達
君主者外僅一總督內僅數大臣民雖欲赴
君門而訴之何從上達耶貪酷橫行暗無天日必千百倍於今
朝是流弊必至虐民此未解者二也夫立憲本欲尊
君而其弊乃至陵
君立憲本欲保民而其弊乃至虐民此所謂大臣專制政體也
民不堪其虐揭竿起事海外會黨利而用之必有以更憲法伸
民權爲名陰行其革命之術者興言及此 臣爲中國危 臣爲生

民慟矣故今日而言立憲必自地方自治始使地方議會組織完密逐漸而組織下議院一面就內外官制因名覈實各定辦事之權限無事過爲紛更也今日欲爲立憲之基礎首當預備者略有六端一正綱紀記曰聖人作爲父子君臣以爲紀綱紀綱既正天下大定宋朱熹曰人君爲治之本在立紀綱網無綱而不張絲無紀而不理一家有一家之綱紀一國有一國之綱紀人君正一國之綱紀在乎馭大臣而已故德之立憲必統一列邦日之立憲必傾倒幕府斷無綱紀不正而可立憲者近日朝廷於大臣優容過當有賞無罰有恩無威以致各省封疆自爲風氣爵賞廢置生殺予奪惟所欲爲司道以下感恩私室各

樹黨羽暗竊朝權幸
祖
宗法制未盡破壞尚無敢明目張膽顯爲不臣者並此禮法而
盡去之不有漢末割劇之憂必有唐季藩鎮之禍應請
皇太后
皇上力正綱紀權不下移於大小臣工信賞必罰用人惟其才
不必盡謀於臣下刑人惟其罪不可偏寬於貴顯司馬光曰人
君能有其臣民者八柄存乎己也苟或捨之彼此勢均何以使
其下哉蓋人君馭大臣嚴明則大臣不敢爲私如是可養成臣
民之公德然後憲法可行當預備者一也二重法令管子曰國

君重器莫如令令重則君尊君尊則國安令輕則君卑君卑則國危申子曰君之所以尊者令令而不行是無君也故明君愼之令今日法令亦甚輕矣軍機處之行政也內下部院外下督撫

發

諭之後不計其他法所已斥之人而督撫差委如故法所嚴禁之事而臣民行之無忌各部則例視其人爲轉移行法如此雖予以完全憲政能一日守之乎應請

諭令行政諸臣凡發一令立一法統計始終綜覈名實奉

旨之後事在必行不奉法者罪在不宥凡法律不合吾國程度者毋輕列法典以免立法不行啟國人之輕法西國政治家恆

曰立法不善弊甚無法故必明立法權之所屬有法不行與無法等故必定司法官之權限違法不懲法良無用故必嚴行法官之責任數語者立憲之要著也如是可養成國人之守法心然後憲法可行當預備者二也三養廉恥昔康澄嘗告唐明宗以六可畏廉恥道消居其一蓋廉恥者國人之生氣也有廉恥之世官必勤於職弗得其職則恥士必勤於學弗得其學則恥民必勤於業弗得其業則恥其當爲也雖白刃不能阻其不當爲也雖萬鍾不能誘於是民氣強而國事舉無廉恥之世官則泄泄沓沓竊位以爲榮士則佌佌洪洪干祿以爲志民則侊侊攘攘苟安以爲樂於是民氣弱而國事廢今日廉恥之道微矣

權勢之家趨者如蟻一日得志憑社假威狗苟蠅營名曰運動至有賄賂運動游說運動等方法其人但可以致富貴雖異種殊方巨奸大猾俯首搖尾不以爲辱如此人格其合立憲之國民乎應請我
皇太后
皇上進用篤實屛斥浮囂重廉靜之儒杜苞苴之路如是可養成臣民高尙特立之志然後憲法可行當預備者三也四抑倖進傳曰惟名與器不可假人聖人非吝名器也慮夫名器濫不足以鼓舞人用人之術窮矣日本變法之初詔謂濫舉人才實乖政體必詳考其性行事業以愼登庸此重名器之遺意也近

日

朝廷用人過於驟陞自微員而遽陟大僚由雜吏而忽登卿貳

一疆臣保疏遴者遂參樞密一新部開下流者亦列冠裳現以

官制變更而京外官之無行及游學生之干進者尤以聯絡權

貴爲終南捷徑在我

皇太后

皇上求賢若渴破格待人固欲以勸勵人才贊襄庶政然非常

之典宜待非常之人儻臣下皆懷躁進之心斯仕途彌盛夤緣

之習受官王室奔走私門風俗所以日卽囂凌人心所以日趨

險詐應請我

皇太后
皇上用人授職稍循資序大臣有密保者必試以事效則擢之不效責原保者如是可洗濯臣庶患得患失之心然後憲法可行當預備者四也五懲貪墨古之懲貪嚴故貪吏少今之懲貪寬故貪吏多漢時贓罪被劾或死獄中或道自殺唐宋制度贓罪朝堂決殺不與大赦我
朝雍乾時督撫大臣犯贓罪者必棄市近日待臣下過厚貪墨被劾者輕則革職重則戍邊而囊橐充盈神通廣大革職者加倍捐復或賄疆臣以保用戍邊者捐交臺費或賂大吏以奏留甚有擁巨貲結外人逍遙滬漢雖去一官獲利千倍何怪宦場

如蘢斷哉應請
特旨定懲貪之例凡贓罪被斥者百金以外必籍其家千金以外必殺無赦此項人員無論如何大臣奏保者必科之罪如是可祛除臣下自私自利之心然後憲法可行當預備者五也六設鄉職鄉官之議雍正時御史龔建颺請行
世宗即欲建置旋爲鄂爾泰等議格乃寖日本明治七年開地方官會議爲自治基礎十二年開府縣會十八年始組織新內閣二十二年遂實行憲政彼其立憲起點固從地方自治始我
皇太后
皇上仿行憲政亦必以地方自治爲根基應請

飭下政治館定鄉官位置郡縣議會章程頒行天下
諭各省督撫選正紳分充鄉職開地方議會凡內地外洋畢業
各學生並請分三等試職一等十之一試各部職二等十之二
試各省職三等十之七咨回原籍分補鄉官政治實業用視其
學變通郡縣舊章准以本省之人補本省守令情形熟則易見
效聲氣通則不擾民如是可立民選議院之本基然後憲法可
行當預備者六也以上六端雖係空理要皆立憲之精神凡事
不講求精神徒見人有一官我易一官之號人有一署我增一
署之名猶襲泥馬以學良驥人皆知其必不行也臣於光緒二
十八年七月進呈防亂論籲求立憲又於光緒三十一年六月

條陳國本請考察憲政臣非阻撓立憲章章明矣今
明諭預備立憲臣恐立法之初稍有疏忽足致禍亂用不揣檮
昧泥首陳詞不勝悚惶待
命之至伏乞
皇太后
皇上聖鑒訓示謹
奏光緒三十二年八月二十一日入奏奉
旨政治館知道欽此炳麟於八月十九日補御史二十一日上
此疏

論立憲預防流弊第二疏

奏爲新編官制流弊太多恭摺仰祈
聖鑒事竊臣伏讀本年七月十三日
上諭預備立憲先將官制分別議定恭繹是日
詔旨大權統於朝廷庶政公諸輿論二語最合君主立憲國政
體大義微言昭示天下使編制諸臣仰承
詔旨之義體會周詳何有流弊不謂其所編官制乃大權操於
大臣一二人而庶政則私諸十員參事官也臣於本月二十一
日具摺預防流弊係言其理由未嘗逐條辨晰今謹將新編官
制流弊再縷陳之臣聞該大臣等所擬內閣官制開宗明義即

謂內閣政務大臣輔弼
君上代負責任此語非常狂悖蓋責任二字有對待之義人所責我者而我以自任故東西各國責任二字專屬政府尚不敢指斥君主矧我朝立國體制
君父至尊與天無極夫誰敢責之又對誰任之其措語已屬不道然猶得曰祇文字之紕謬也至其實權所在則尤有駭人聽聞者夫我
朝定制凡可言事之官皆許單銜奏事無庸關白閣臣及軍機處大臣凡
召對臣工雖在疏遠小臣亦與獨對內而閹寺外而大臣皆不

許叅侍其間原使入對者無所顧忌可以得盡所言所以防壅
蔽通耳目也立法之善遠軼上古是以雖在
國初議政大臣如鼇拜明珠諸人聲勢炫赫然言路之糾彈廷
臣之抗論尙有以折其氣而銷亂萌誠以其時
朝廷股肱尙多雖一二人盜竊威柄其力固不足箝天下之口
以張其焰也頃臣聞擬訂內閣官制條目有曰內閣各大臣具
奏事件其關涉行政全體者由內閣總理大臣左右副大臣會
同各部尙書連銜具奏其關涉數部變更者由總理大臣左右
副大臣會同各該部尙書連銜具奏其關涉一部變更者由總
理大臣左右副大臣會同該部尙書連銜具奏其專屬一部行

政事務者由該部尚書單銜具奏等語夫曰一部行政事務蓋
即一部之例行事件而已玆惟例行事件方許該部尚書單銜
具奏其稍有關涉稍覺特別之事苟非經閣議則每部尚書必
不能具奏即先開閣議成議以後苟非與內閣總理左右等大
臣連銜仍不得具奏是每部大臣雖具單銜奏事之名其權限
固已微矣夫我
朝六部九卿科道各衙門皆能奏事之官也然言路尚慮不寬
玆經新擬官制京秩衙門已多裁併則得以專銜言事之官已
汰大半而收其權於內閣及各部大臣共十四人是言路隘之
又隘流弊已不可勝言況於此十四人中其尚書十一人復受

監督於閣臣以限制其言事之權而惟二三閣臣爲
朝廷專寄耳目非特前古所無恐五洲萬國亦無此政體也再
臣又聞內閣官制條目有曰總理大臣左右副大臣仍逐日入
對各部尚書按五日入閣會議一次遇有本部重要事件即日
呈遞膳牌隨同總理大臣左右副大臣入對各部尚書如有緊
急事件亦可隨時自請入對等語照此則是收中外各衙門事
權於十一部而十一部所有事務非先開閣議經內閣大臣允
諾不能入對即經內閣大臣允諾苟非隨同內閣大臣仍不能
入對雖有自請入對之文然苟不經閣議不隨同內閣大臣而
自請獨對則在內閣大臣必以是爲反對內閣之舉此必不避

見怒閣臣之人而後敢毅然以請恐由此而大臣敢自請入對者蓋亦寡矣是請對一條殆亦徒設虛文以塗飾耳目照此則內閣之勢力非特可監督諸臣之奏事並得監督諸臣之奏對設閣議之制以限制各部院具奏之權立隨同入對之條以破壞

祖制召見獨對之法臣不知此次該大臣等所擬官制將置

朝廷於何地也然此猶從其對於同官言之也若照所擬官制其對於

君上亦不外一專字是以一則曰凡用人行政一切重要事宜均由內閣大臣承

旨施行再則曰內閣各大臣恭奉
諭旨皆有署名之責夫定制凡奉
上諭事件有發內閣轉行者有交軍機處字寄者其發軍機處
者實即直下各部院各疆臣之
諭旨軍機處特職在字寄而已有承發之責無施行之權蓋自
前明洪武時胡惟庸以誅敗遂廢丞相府置內閣以掌機務承
旨而已施行之權則分寄於六部所以杜專政之漸也我
朝因之及雍正時設立軍機處特改題本爲摺奏期於文字簡
易於軍事爲便其範圍與內閣固無大異同頃擬合承
旨施行而一之則

朝命不得直宣凡京外一切衙門皆稟於內閣以承其令內外一應庶政皆仰於內閣以受其成是直恢復前明初年丞相府之權限歷稽掌故
國初時議政大臣之勢力尚不至此也至各國詔敕署名之舉則各國國體不同政俗亦異故其君主且自署御名而政務大臣亦隨以署名我
朝名分最嚴天澤之分冠履之辨斷無臣下署名
諭旨之理應仍舊稱某衙門奉
上諭爲正此則名義所在亦卽預防專政之萌者也若夫用人之柄尤爲君上之特權非臣下所敢闌干現在擬改官制則議

設之各部三四品請簡官實即曩者三四品京堂之職自應照
應陞此項官階或稱此等職事者普通開單由
上特簡乃臣聞所擬各部官制通則第二十四條稱有各部請
簡官由本部尚書商同左右侍郎選擬相當三人開單經閣議
後請
旨簡授等語是直限制
君上簡授之人不得出此三人之外而此三人者苟非習於部
臣必不與於開單苟非習於閣臣必見屏於閣議公權日輕私
權日重殆莫此爲甚夫易警履霜詩戒鳴鴂臣念編制諸臣何
以甘潰國家之大防而不卹敢背七月十三日之

諭旨而不顧豈不謂各國通例則然各國行之而富強我
國背之而貧弱作此危言以聳羣聽 臣意提倡此義者不過新
進無識不知大體之數留學生適有主持是事之人樂聞是說
以逞其私而編制諸臣亦相顧結舌而莫之敢抗也竊查此次
所擬內閣官制大率取裁日本職員錄之內閣編制而其權力
又加甚焉夫各國政府權力之重原過於君主故名之曰責任
政府其各部院大臣及地方長官非與政府黨派相同不能居
其位故各國皆有政黨之目每易政府則各部院大臣及地方
長官必相率俱退即易一新政黨以乘其後此各國通例也日
本雖君主立憲然政府進退亦同此例此在我

國萬不能行然各國政黨雖紛而其君臣上下固相安於無事君主雖不負責任而常定於一尊未聞其有跋扈之臣致起蕭牆之禍者則以其下有議院爲之監督也政府箝制議院議院亦監督政府政府有解散議院之權議院亦有糾彈政府之權且有拒絕政府提議並否決歲費之權上下相維而其皇室尊嚴轉居定位固非一任政府操無上之權而莫之或問也且各國政黨蓋公黨非私黨以政見相同遂結爲黨援以求得伸其說設其黨中首領自犯不韙之事抑或心迹不明爲其黨人所覺則其黨立即解散且討詰其罪故其黨有政見固結之權而無同惡相濟之患我

國教育未興率有私黨無公黨原無政治思想祇以富貴相求富貴所在卽聲氣所通故在朝祇有私黨之營在野絕無政黨之固上下議院不克成立者以此責任政府不能仿行者亦以此若貿然爲之不揣其本而齊其末遽立此無監督之責任政府恐患氣之乘不在敵國外憂而在邦域之內也臣又查泰西各國無論君主民主君民共主其爲治皆分立法司法行政三大權三權鼎立而國以安未有合三權而畀之一人者也卽此次編制諸臣亦明謂除立法司法各官外僅分別擬立行政官制似亦不失三權鼎立之意然臣聞擬訂內閣階級除總理大臣仿日本太政官左右副大臣仿其左右大臣係其明治初年

官制以外其餘皆仿日本現行辦法故日本內閣設五局現擬官制亦設五局其主要所在則在第三之編制局即日本內閣五局中之法制局也日本法制局設參事十人現擬設之內閣編制局亦擬設參事十人相其形貌亦大率從同然性質則迥相逕庭蓋日本法制局參事所起草之法律命令案爲已經議會所議定之法律或擬交議會提議應行修改之法律自與立法不相干涉而我編制局所擬訂之各項行政法規草案爲未經集議會議決之法規草案且亦不交集議會協議之法規草案是立法行政直出一人且即使交集議會公議矣然 臣聞內閣官制條目稱有凡政府交集議院公議之法律草案開閣議

議決之以總理大臣爲議長等語夫提出法律草案交集議院公議者內閣也經集議院公議後而操決議之權者仍內閣也其居議長之席者則內閣總理大臣也自行交議又自行議決而自作議長是總理大臣非特上對
君上代負行政之全權並下代議院秉操立法之實際而集議院徒作贅疣甚或資爲政府之傀儡操立法行政兩大權則司法之權可不言自在其中此等威勢權力非特我
朝三百年來所未有亦自周秦以來三千年所未有非特日本維新以後之所無亦亞澳歐美列邦殊風異俗之所無也明居行政之名而陰攘立法司法之柄分寓於條目章制之中而一

網羅致一手握定若據此推行恐大權久假不歸
君上將擁虛位議院無期成立下民莫敢誰何羣起革命顛覆
之憂將在眉睫此固非
朝廷之福恐亦非該責任大臣之福也臣竊謂茲事體大政本
所關斷非憑一二人之臆見數十日之程限所能釐定亦斷不
能不論國體若何人情若何國民程度若何遂鈔胥各國官制
成文遽將三百年來奉行之成法一旦盡翻全局臣愚以爲天
運以不息而成時序以積漸而轉審詳持重所全實多以現在
官制而論則如輪船鐵道電線郵政皆屬新政無所隷屬積弊
所叢莫與稽覈此交通部所應設立者也立國之本農工商並

重中土原稱農國工業尤爲富源此農工商部所應設立者也巡警一項僅內政之一端而戶籍之稽建築之掌皆屬內治此內政部亟宜設立以容納警部者也預算决算整齊天下之財政爲治國第一要著此戶部財政處之宜聯合整頓者也綠營未盡裁新軍日加多教練之法日新管理之法亦異此兵部練兵處之宜歸併擴充者也靑藏蒙古爲我邊疆視作領土乃爲我有名以藩屬便啟戎心朝鮮之役可爲殷鑒此理藩院應大加整頓而並去藩稱竟編入各部而一律視同內地者也其餘各部皆有專掌宜整飭調理綱舉目張自徵成效以上皆行政衙門 臣愚以爲遠鑒前明內閣改設之意近維我

朝議政大臣顢頇之由旁考各國議院政府維繫之故似行政機關仍應暫歸各部而裁併增置大加釐訂亦即氣象一新已足塞各國之觀瞻慰臣民之跂望立法一權無所歸屬宜遵
祖制以專銜言事屬之御史講官及四品以上京堂分任立法之職務藉通國民之聲氣其內閣軍機處無論歸併與否並易何種名稱應暫仍舊制以爲承
旨傳宣之地位不作總挈行政之樞機一俟上下議院成立之日乃爲責任政府設置之時現在惟以全力獎勵自治提倡教育以儲紳民政治之知識以爲立憲政法之基礎
明示天下無論如何必使上下議院與責任政府同時設立以

免偏重此則於本年七月十三日
上諭最相脗合而政柄之倒持權臣之專國可自此而息此 臣
區區之愚所以上陳
君父者也抑 臣更有請者 臣聞此次編定官制雖經
簡派親王大學士軍機大臣政務大臣各部尚書及直隸總督
等公同編訂然主其事者不過一二人而主筆起草亦祇憑新
進日本留學生十數人此等留學生原無學問根柢亦未受普
通教育敢爲大言以肆欺罔此次編制率出其手於本
國國體人情及數千年官制因革之故並我
朝開國以來成法精意之存茫然莫解即於東西各國官制亦

墨守一孔之言罔知體要所在是以此次編制隨員中之文學生蓋以日本職員錄二本爲秘鑰武學生則以日本陸軍成規類聚一册爲金科夫職員錄者卽日本每歲刋行之搢紳也成規類聚者卽日本陸軍省歲集之例案也臣嘗以此兩種與所聞擬訂官制逐節比對其符合者凡十之九卽間有出入之處蓋亦承受一二當道意旨爲推廣其權力起見卽臣所謂權力又加甚焉者也竊惟我
國有大變革有大制作豈藉一二部日本搢紳成案與十數名留學生所能訂定我
皇太后

皇上仁孝爲懷豈忍以
聖祖
高宗經營完善之天下一旦亂於十數乳臭小兒之手應請於
該大臣等編定奏呈以後其中宏綱所在
朝廷自有權衡若其各部節目條分縷晰之處具體雖微關係
極重應請
飭令京外各大臣各舉所知須博通中外之故諳習古今之變
名儒宿學送入政治館令於現所擬定官制各條詳爲磨覈推
究申明理由悉心釐訂庶幾切實可行不得卽以一二留學生
塞責則於訂定官制必有裨益臣爲嚴杜流弊起見不覺言之

痛切合行具摺密陳是否有當伏乞
皇太后
皇上聖鑒訓示謹
奏光緒三十二年八月二十五日　入
奏奉
旨政治館知道欽此當是時直隸總督袁世凱自戊戌政變與
皇上有隙慮　太后一旦升遐必禍生不測欲以立憲爲名先
設內閣將君主大權潛移內閣己居閣位君同贅疣不徒免禍
且可暗移神器御史王乃徵黃昌年陳田劉汝驥江春霖趙啟
霖等言之世凱一笑置之炳麟拜御史之命次日上第一疏又

五日上第二疏世凱大恐上疏辨又爲 太后面責遂出京

請緩解廣西新案賠款疏

爲廣西財用窘迫民不聊生懇

恩緩解賠款事竊讀戶部議覆廣西撫臣林紹年陳桂事艱窘

謹籌辦法疏准將該省歲解賠款三十萬緩解一年復截留梧

關收存停解各項雜款我

皇太后

皇上聖恩高厚部臣體恤萬分凡籍隸廣西者無不感激涕零

矣臣本年六月自廣西來京目睹該省民窮財盡不可終日之

勢蒙

恩擢在言路不據實詳陳上無以對

朝廷下無以對桑梓因不揣冒昧爲我
聖主縷陳之該省土產穀米爲大宗蔗糖次之竹木茴油又次
之兵燹以來四民失業曩之出穀米者今因貲本不充播種失
法逐年荒收曩之務糖業者今因製造不良爲洋白糖所奪頻
年虧本以致種蔗者幾減十之八九此外竹木茴油更無起色
是以土多童山民皆菜色每年秋後家無斗粟重以今春大水
禾苗傷損哀鴻塞道餓殍盈途儻不竭力經營內恐伏莽之竊
發外有他族之逼處若廣西無以自保我失藩蔽人據建瓴西
南全局岌岌可危故朝廷之保廣西所以固西南門戶也而保
廣西之法不外振興實業推廣教育此二者皆需經費方有辦

法賠款緩解一年其數僅三十萬該省本年賑濟已用之殆盡非寬展解期又須百計搜羅預備下次解款安能於實業教育二者稍盡心力惟有仰懇

天恩俯念廣西內憂外患逼迫萬端准將該省新案賠款三十萬緩解三年俾該省疆臣得從容展布逐漸振興實業推廣教育上紓

朝廷南顧之憂下蘇邊徼生民之命臣亦知司農仰屋籌款萬難然廣西實有不能自存之勢用爲萬不得已之請唯

聖主垂憐而俯允之大局幸甚伏乞

皇太后

皇上聖鑒謹
奏光緒三十二年八月二十五日奉
旨戸部知道欽此

敬陳廣西飭吏四條疏

奏爲敬陳廣西飭吏四條恭摺仰祈
聖鑒事竊廣西頻年匪亂糜爛不堪固由民生太窮實由吏治
太壞 臣自丁父艱回籍居墉墓間查民間疾苦最悉謹籌飭吏
四條進呈
御覽
一尊正紳官場習氣推廣西最重近雖經督撫極力整頓而積
重難返州縣左雜中尚多威福自爲紳士稍自愛者決不受其
矜張相與共事是以柔媚小人伺地方官喜怒狼狽爲奸地方
官利用是輩爲爪牙大遂其貪婪之欲劣紳愈近正紳愈遠民

氣愈挫民事愈廢非破其習氣易其風俗臣敢決廣西斷無乂安之一日應請
諭令該省撫臣飭各府縣辦理學堂警察團練等事務選用正紳其選法擬分三級一產業富而納稅多者二舉貢附無劣跡者三中學堂畢業及外洋留學一年半以上者凡被選及操選之人皆須有三等資格選定之後地方官隆以禮貌酌給津貼相助爲理於地方治安必有裨益並請每百家設清訟局一所選正紳管理凡關民事案件先由清訟局勸解勸解不已始許控諸州縣其局紳有受賄擾民者嚴治之三年之內辦有成效者酌加獎勵務使正紳進而劣紳退吏治自有改觀矣

二達民隱廣西官場最壞習氣莫如上控案件皆批回原州縣自審夫小民含冤上控其不平於牧令可知又令原縣審結何異縛人而投之虎狼也是以上控之民或瘐死獄中或立斃杖下往往而見其故蓋因司道府縣之刑幕聲氣相通批呈時稍弄筆墨足遏民隱竊思
朝廷設官督撫以統率之下有按察司下有道府蓋恐民隱不達無以制牧令之爲虐故立層層相制之法西國不服郡縣裁判者設高等裁判以聽斷之亦是義也應請
飭該省撫臣詳定上控章程以後凡控府者提府按問不准批回原州縣審結控司者提司按問不准批回原府縣審結抑臣

更有請者天下上控之難無如廣西每遞一呈上司衙門胥吏家丁見是控官詞狀必不收接或嚴詞以嚇之或重賄以要之民之無告蓋已久矣 臣查湖南上控之法巡撫衙門每日派候補州縣一員收呈不拘格式不設規費凡來上控者由收呈州縣問供錄供即擬批呈巡撫裁定固可伸民間之寃抑且可占候補人員之才具此法良善仿而行之亦要策也

三整團練廣西現以屠捐養團經費不可謂不鉅矣乃練丁選之不精游勇會黨混雜其間是以搶奪民財強姦民女開場聚賭諸不法事往往見於團練中應請

飭該省撫臣定愼選練丁之法凡選練丁擬分二級一本籍良

民身家清白年力強壯者一客籍有家產者總之非有正紳富
戶繕具保證書概不許充當每大邑練丁百名中邑八十名小
邑六十名各派教習給槍械練習新操無事可保治安有事可
備徵調此横渠淸邊策所謂不耗國帑而得精兵者也
四重命盜諱命諱盜處分綦嚴而廣西數十年以來命盜多置
不理甚有逆倫重案聚衆刼殺亦隱不報者王法廢弛民風悍
惰非一朝一夕之故矣應請
飭該省撫臣嚴飭各屬申明律例凡命盜各案須認眞審結按
律擬報儻有諱匿不問或經言官舉發或經紳民上控必治該
牧令以應得之罪務使法律嚴明莠民懼而良民安邊徼庶有

起色也以上四條皆臣一得管見應請
旨飭令該省撫臣妥籌辦法詳定章程覆奏施行地方幸甚伏
乞
皇太后
皇上聖鑒謹
奏光緒三十二年九月初八日奉
上諭著林紹年按照所陳各節妥籌辦理原摺片著鈔給閱看
將此諭令知之欽此尋議行

請減全州平餘疏

再廣西全州錢糧在同治十二年前每條銀一兩納制錢二千文自張聯桂爲全州牧稟請每銀一兩加制錢四百文合計每銀一兩納制錢二千四百文又每錢一千加補底錢四文近又不收制錢改收洋銀每洋銀一圓作制錢八百文又加斧記錢四文每票一張又加津貼錢十八文合計需洋銀三圓一角可完條銀一兩以現時錢價覈之計銀一兩納制錢三千一百有餘是以州缺最佳爲該省調濟之地而民生則凋敝不堪矣本年五月饑民幾乎肇亂不設法維持該州爲楚粵咽喉極可虞也臣查張聯桂請加徵時巡撫劉長佑原批暫行徵收豈可永

遠不變且以制錢扣洋銀故抑其價一切雜款加之又加民不聊生何足怪乎應請
旨諭令該省撫臣查照同治十二年以前辦法妥定章程以後每條銀一兩仍納錢二千文現在制錢短少銅圓銀圓皆准按照時價一律完納不得任意折扣凡補底津貼斧記各項名目一概裁去如是則無損於官有益於民誠善政也臣爲民生起見謹附片具陳伏乞
聖鑒謹
奏光緒三十二年九月初八日奉
上諭林紹年查明覆奏欽此尋議減二百計銀一兩納錢二千

二百文一切津貼斧記加底各雜款概行裁去見閣鈔桂撫張
鳴岐疏

論陝甘路政疏

爲陝西甘肅新疆伊犂急宜籌修鐵路以濬利源而弭後患恭
摺仰祈
聖鑒事竊維中國自京漢鐵路告竣各省官紳皆曉然利害所
關亟亟以籌款修路爲先務近年以來如粵漢如川漢如江皖
浙閩如晉豫齊魯莫不爭先恐後同時並舉誠以列強環伺交
相覬覦通商旅而圖保衛不得不爲先發制人之計也惟陝甘
新伊鐵道至今尚無成議上年秋間伊犂將軍臣長庚奉
命西行聞曾有籌修伊蘭鐵路之意因路長款鉅迄未舉行嗣
陝西撫臣曹鴻勛奏請籌修西潼鐵路又限於一隅未能統籌

全局夫鐵路之有益地方夫人而知而由陝甘至新疆則所關尤鉅查俄人拓地方略爲環球所共見西畢利亞鐵路直接伊犂邊界現既失志於東難保不求逞於西自甘餉裁節以來新伊邊備空虛一旦西陲告警彼則電掣風馳可以朝發夕至我則徵兵籌餉必需累月經旬數千里土地人民何堪設想是他省鐵路僅可通財而陝甘新伊之鐵路並可以禦侮他省鐵路不過爲行旅圖便捷而陝甘新伊之鐵路併能爲邊徼固藩籬尤當急籌修築不可稍緩須臾者也現在汴洛路工指日告成由洛陽接軌西展直達新伊轉運料物極爲便利誠能聯絡秦豫甘新四省之力同心籌措不分畛畦則數千里軌連轍合無

雖剋期奏效查蘭州以東之地商賈往來者較夥無妨集股興辦蘭州以西道經戈壁地曠人稀專爲行軍之用則可以官款補助之東以杜比公司之侵展西以防俄羅斯之窺伺保民衛國莫善於斯惟是西北各省民貧地瘠風氣未開非在上者特意提倡則必不能蕆事應請
旨飭下河南陝西甘肅新疆各督撫聯絡地方紳商妥籌辦法及時修築或援照川漢鐵路之例
特簡大員經理庶事有專責不至因循坐誤此固大局安危所繫非僅秦隴一隅交通利便之謀也臣爲慎固邊疆預防隱患起見是否有當伏乞

皇太后
皇上聖鑒謹　奏奉
硃批商部知道欽此

論陝西路政片

再前閱報紙見有陝西撫臣曹鴻勛因鐵路致陝甘同鄉公函謂西潼陝甘兩線各不相謀以西潼專之官以陝甘委之紳臣思報紙譏言不盡可信然以此事關係西北大局未敢漠視詢陝甘之官京師者果有其事且聞近日陝撫聘請工師不日卽將勘路開工在該撫爲力爭先著起見未始非謀定而後動臣愚竊謂不徒陝甘西潼宜合不宜分卽洛潼與西潼陝甘亦輔車脣齒之誼蓋新疆爲必防之要害非鐵路則消息不靈徵調不便而陝甘一線實爲新疆鐵路之先導西潼一段又爲陝甘之根基無陝甘是無新疆無西潼是無陝甘苟横生畛域不統

籌全局竊恐有誤要工然使西潼陝甘通盤籌算而洛潼之路遙遙無期則無論西潼鐵路開工之始轉運一切材料諸多未便即使西潼一段告成而東不能達汴洛西不能通蘭州路線中斷貨客必少養路無資何以爲繼故臣謂當合四省以通力合作者此也去歲陝西撫臣曹鴻勛請修西潼鐵路此外置之不理陝甘京官公舉紳士辦理陝甘鐵路雖云統籌全局而洛潼一線亦未提議胥失之矣應請

旨飭下商部查明陝甘西潼二線是否應當劃分界限及洛潼西潼如何聯絡官紳消除意見妥籌辦法庶可及早開工維持路政大局幸甚謹附片具呈伏乞

聖鑒謹
奏光緒三十二年九月十三日奉
旨商部知道欽此

請立國學專門疏

奏爲請立國學專門學堂保存國粹事 臣聞政治家云民族之在社會有一國之形式即有一國之精神形式云者政治法律歷史上之制度是也精神云者所以搆成此政治法律歷史上之學理是也故凡一國之立於大地必有所以立國之特質欲自善其國者於此特質必長養而發達之我中國自周秦以來文物典章燦然大備故世界稱文明祖國者五我中國居其一焉他如印度安息埃及墨西哥其文明與國俱亡矣我中國碩學通儒遞相傳衍緜緜不絕微言奧義西國大政治家莫出其範圍是文明實有關於治平者莫若我國學也 臣考奏定學堂

章程自小學至大學一切中西學科皆兼授並課合古今中外
陶鑄一鑪用意良善然各學之理想至賾一人之精力無多恐
西學難究其精微中學轉荒於務廣欲兩收其益反一無所成
國家歲用鉅萬之經費不大可惜乎擬請
旨變通奏定章程每省設國學專門學堂一所大省以二百人
爲額中省百五十人小省百人分經史文學三科詳定妥章專
心研究其學生現暫以舉貢生員年力富強學有根柢者考充
他日中學堂畢業選國文優等充之以五年畢業選最優等爲
翰林優等作爲國學進士舉人量才錄用國學專門既立原定
之高等學堂章程凡關於經史文學三項者皆可減少鐘點俾

得悉力於各種科學似於中西學業兩有裨益臣亦知時事變
遷國學將等於敝帚惟東西各國之爲治也其挹取他國科學
固日新月異而於本國固有之學理無不寶貴珍重謂之保存
國粹所以堅國民之愛國心也微臣請設國學專門學堂緣由
理合恭摺具陳是否有當應請
飭下學部議奏施行不勝悚惶翹企之至伏乞
皇太后
皇上聖鑒訓示謹
奏光緒三十二年九月二十五日奉
旨學部知道欽此

請推廣農林疏

奏爲請推廣農林以拯民生而固國本事臣觀孟子屢述王政不外農桑畜牧堯舜禹疊以神器相授受切切然戒者惟在四海困窮天祿永終蓋土地闢田野治國富民安雖七十里百里可以王天下若民無恆產斯無恆心事畜無資放僻邪侈無不爲國欲一日治不得也近日英美日本列邦其所以圖富強者事不一端而尤以農林爲先務蓋農林者工商之母財政之源故必設專學以研究之立良法以維持之使國無曠土野無游民悉合我古時之王政也中國農林廢弛久矣西北各省童山赤壤一望荒蕪雲貴川廣荒地亦所在泱漭江浙兩湖向稱中

原繁富現亦穀米翔貴流亡載道固由天災流行毋亦種植培溉之失法有以致逐歲之歉收也臣思
國家外債纍纍百端待舉歲需經費日益加多國出於民民出於土地力不盡生計日艱强者流爲盜賊弱者轉於溝壑堯舜所謂四海困窮者臣竊怵怵然懼之矣欣逢
皇太后
皇上念本圖重民食特立農工商部意在舉孟子所述王政見之實行且參用東西各國之新法新理我中國轉貧爲富化弱爲強此其關鍵擬請
明諭各省督撫通飭府廳州縣詳查所管地方官荒民荒造册

報部氣候如何土宜何物繪圖貼說一併詳悉報知限一年之內無論遠近各省造冊悉數送部由農工商部詳定章程實行提倡荒者懇之童者植之凡紳商講求農林者應如何保護以收其利游惰不事生業者應如何強迫以歸於農專學如何廣立州縣如何責成一併詳議妥章奏明辦理務使十年之內國無曠土野無游民中國地大人多儻農林悉力振興一切工業商業亦必俱有起色擴利權蘇民命厚風俗固邦基舍此必無良策矣 微臣請推廣農林緣由恭摺具陳可否

諭飭施行之處伏乞

皇太后

皇上聖鑒訓示謹
奏光緒三十二年十一月初一日奉
上諭御史趙炳麟奏請推廣農林一摺自來足民之道端在利
用厚生農桑畜牧實爲富強之本我中國地大物博祇以農林
農政未能切實講求棄利於地未免可惜著各直省督撫通飭
各屬詳查所管地方官民各荒並氣候土宜限一年內無論遠
近繪圖造册悉數報部由農工商部詳定妥章奏明辦理務使
國無曠土野無游民以厚風俗而固邦基欽此

論批答含渾非制片

再批答章奏乃立法行政之要鍵事之舉廢世之治亂皆視乎此有明季年羣臣章奏多留中不發卽有批答亦尙含混於是大臣以意爲轉移小臣紛爭而不息公權日輕私權日重卒至萬事叢脞國家敗亡我

世祖入關

聖祖

世宗

高宗繼興一切章奏孰公孰私孰利孰弊無不當幾立斷明爲指示至今讀之猶肅然敬畏然則舉有明疲弱怠玩之中國一

變而爲豐富強武其在斯乎卽同治光緒初年我
皇太后訓政恭忠親王輔國羣臣章奏亦皆指授方法用能宏
濟艱難 臣觀近日軍機處擬
旨大非舊制多尙含混羣臣章奏關於各部者大都曰某衙門
知道而已關於各省者大都曰某督撫妥籌辦理而已
朝廷無一定之方鍼大臣以已見爲舉廢庶事隳壞於無形百
官鑽營於私室紀綱不振主權暗移明季流弊恐將復見欽惟
我
皇太后
皇上勵精圖治納諫轉圜可否

諭令軍機王大臣等以後稟承
聖意擬撰
諭旨或准行或不准行或下部院督撫詳議皆應明白批答不可含混其詞是者褒嘉之不賞而榮非者指斥之不怒而威此皆馭羣臣熙庶績之要義也至於是非可否一目了然全在乎日之學識 臣尤願我
皇上政餘閒暇流覽中外古今政治歷史俾治亂興衰之理洞徹於心事物之來如影在鑑毫髮莫遁舉廢黜陟自中機宜大學言治國平天下推其本於格物致知此之謂也是否有當伏乞

聖鑒謹
奏光緒三十二年十月三十日奉
硃批知道了欽此

請興辦政治官報片

再政務處初議本有印刷官報之說乃至今未見舉辦外間鈔報如

諭摺彙存閣鈔彙編之類大抵皆照例摺件於

朝廷立法行政本末無甚關涉夫古人讀法懸書一切朝章國典恐人不知未有畏人知之者我

朝如雍正乾隆間鈔報凡立法行政皆詳悉刊示布告國人至今可考蓋立法行政公諸國人其法善也人皆知其善而守之於是不令而行其法不善也人皆知其不善而救之於是挽回亦速故日本官報一切法律命令詳載無遺亦先王讀法懸書

意也近年

國家行政多尙秘密凡

諭摺稍關政法者多不發鈔舉國之人耳目愈閉視聽愈惑以

致弊端百出

朝廷更一章增一例外人無由見之司員奸黠者往往執人而語之曰今日更一章矣必若何運動明日增一例矣必若何通融是雖撤胥吏之名而仍留胥吏之害弊一

朝廷用人行政國人無由研究全恃私家報紙窺見崖略而私家報紙有聞即錄語焉不詳往往失立法行政之眞意甚或揑造謠言是欲掩天下耳目適以亂天下耳目弊二

國家無詳善官報於是私報雜出秘密探事布滿京師以致軍機外交及宮中擧動皆被探出刋登報章是欲秘其所不必秘而反發其所不可發弊三有此三弊印刷官報已刻不容緩況乎窒塞民智弊更有不可勝言者耶現當預備立憲之時恭讀

七月十三日

懿旨使紳民明悉國政以爲立憲基礎大哉

聖言萬世不易也擬請

諭令會議政務處參用東西各國官報體例設印刷官報局除軍機外交當秘密不宜外凡一切立法行政之

上諭及內外大小臣工摺件無論議准議駁皆由軍機處另繕

副本交局發鈔卽中外電奏不關軍機、外交者亦一體鈔示並
請
飭令從速辦理毋得延玩
國家有詳善官報耳目開通視聽自壹關係誠非淺鮮謹附片
陳請伏乞
聖鑒謹
奏光緒三十二年十月三十日奉
上諭考察政治館知道欽此尋由政治館奏覆議准

國立廣西大學圖書館

諫院奏事錄卷二

監察御史全州趙炳麟竺垣稿

請製定預算決算表整理財政疏

奏爲請
旨製定預算決算表整理財政而端治本恭摺仰祈
聖鑒事 臣考周禮冢宰以九式節財歲終制用立司會爲計官長司書貳之職內職歲鈎考出入而職幣復會其餘財焉司裘掌皮歲終亦會裘事財賫可知當時上自皇室費行政費下至一絲一物皆有會計俾上下周知其數近泰西各國歲出歲入年終布告國人每歲國用婦孺咸曉我中國財政散漫無紀外人至因財政不統壹譏我非完全整齊之帝國英查密森著中

國度支論謂中國財政統計表除海關稅每一年或十年報告外各省財政從無與中央政府直接造册公示天下者故論各國豐嗇皆據國民納金多寡爲斷而中國則不然試據其奏案就各省督撫及度支大臣等問人民所出國庫所入亦難自信無參差也蓋其財政蒙蔽侵耗紛無紀律故通國財源通塞末由稽考痛哉査密氏之言乎 臣考泰西列邦所以國人咸知國用者在有預算以爲會計之初有決算以爲會計之終承諾之任監財之權悉議會擔之故英國每年出入預算案由國會議決大憲章第十二條國內收補助費必由國會議決後世守之愈益發達法國自千六百十四年以後財政紊亂千七百八十

九年開議會始定租稅承諾權千八百六十二年改良會計法普國於千八百六十六年上下議院有預算議定權日本預備立憲明治六年公布預算明治八年製定歲出歲入預算表逐年改良預算科目及形式明治十四年製定會計法每年以敕令公布預算明治二十二年實行立憲將會計規定於憲法第六章確定帝國議會之監財權蓋東西各國之財務行政必許國民以兩種監察一期前監察承諾次年度之預算是也一期後監察審查經過年度之決算是也故國民知租稅爲己用皆樂盡義務官吏知國用有糾察皆不敢侵蝕所謂君民共治也近奉

明諭預備立憲設資政院以司預算設審計院以掌檢查遠符
周禮旁採列邦用意至善然中國財政散漫非鉤考整齊恐司
計大臣亦難周知其成數是資政審計兩院終無完全確立之
一日揆諸我
皇太后
皇上變通政體發奮爲雄之意終難符合擬請
諭令度支部選精通計學者製定中國預算決算表分遣員於
各省調查各項租税及一切行政經費上自
皇室下至地方鉤稽綜覈鉅細無遺定自何年何月起作爲會
計年度之開始期會計年度云者從預算日起至決算日止滿

十二個月爲限甲年度之款必歸甲年度決算乙年度之款必歸乙年度決算不得前後移挪含混不淸至開始日期各國不同有用一月一日開始者法澳比利時是也有用四月一日開始者英德俄日本是也有用七月一日開始者意美西班牙葡萄牙等是也我當初定預算決算之時尤宜斟酌盡善以定會計年度開始期及收支整理期間蓋會計年度者於收入之所從生與支出之所以起之事實中加以一定之界限而收支整理期間者卽基本於此等事實之收支所以實際收之支之之期間也照日本法整理期間略分三類一仕拂命令之發行期間二金庫之出納期間三出納事務之整理期間凡此諸事皆

財務行政之刻不容緩者也預算決算既定提綱挈領一目了
然然後將
皇室費中央行政費地方行政費通盤籌算界限分明上使官
吏免蒙蔽侵耗之弊端下使紳民知承諾租稅之義務他日資
政審計兩院方有完全確立之地位 臣 閱日本財政歷史明治
六年以前散漫無紀無異我國自井上馨極言其弊明治納之
明詔公布預算竭計士二年之力至明治八年始經製定列表
此實日本財政統一之權輿也 臣 迂陋小儒未諳計學何敢比
井上馨之上書然我
聖君圖治殷勤實可行純王之政者也 臣 願

朝廷遠師先王會計之意近採列邦理財之規鈎考整齊有條不紊財政既理一切內外庶政皆可酌劑以得其平臣亦知幅幀廣大頭緒紛繁一時斷難清理然及今而計之或三年或五年終有統一之日不然財政任其紛亂臣恐官制兵制雖改而俸餉不勻賦則稅則議增而商民生怨經費無出則教育實業各美政亦有理想而無事功記曰財用足百事成中外古今不易也臣爲整理財政起見恭摺具陳可否
敕部覈議施行伏乞
皇太后
皇上聖鑒訓示謹

奏光緒三十二年十一月十八日　入

奏奉

上諭度支部議奏欽此

請定教育宗旨疏

奏爲請定教育宗旨以明聖學而正人心恭摺仰祈

聖鑒事竊臣伏讀

諭旨特立曲阜學堂尊我孔子之教

明君崇聖育才之至意欽佩莫名古之王者建國君民教學爲

先故舜命契曰百姓不親五品不遜汝作司徒敬敷五教五教

云者父子有親君臣有義夫婦有別長幼有序朋友有信是也

是以八歲入小學知父子之道長幼之序十五入大學知君臣

之義上下之位夏曰校殷曰序周曰庠學則三代共之皆所以

明人倫也人倫明於上小民親於下此帝王立學之宗旨也我

國學術發明最早自伏羲氏創象數作書契造歷紀官制禮作
樂教民佃魚畜牧學術已有萌芽唐虞三代愈益昌明周室之
末學制雖失於上學理則闡於下至孔子而集大成集大成也
者合帝王政治教育一切形上形下之學理無一不發明以著
於後世 臣嘗縱觀泰西大政治家大教育家之學說其事實不
同而其理未有外我孔子之範圍者考東西各國歷史凡立法
行政合我孔子之言者國靡不昌背我孔子之言者靡不亂亡
乃知我孔子之道係人之所以爲人國之所以爲國之道世界
無人則已無國則已無政治教育則已有人有國有政治教育
我孔子之道他日必煥光彩於民族 臣敢斷言也今日學術之

大害不在言不尊孔而在行不遵孔孔子者人倫之極則人多於倫理漠然而厚顏號於衆曰我修身也我有恥也考其行誼居家則禽獸之行也爲政則跖蹻之行也行如是言如彼天下學子聞其言效其行以若人之修身爲修身以若人之有恥爲有恥言似尊孔行愈背孔孔子之道不壞於秦火不壞於猛獸洪水自若人者竊其言而背其行以欺天下後世僞說昌正道晦臣所以太息痛恨於其學欲令其言行相顧也昔漢靈帝立鴻都門學畫孔子及七十二弟子像示諸生崇聖諸生出爲刺史太守入爲尙書侍中以至封侯錫爵者不可勝數然而有道之士恥與爲列者以其援引多無行趨勢之徒言尊孔而行背

孔是以愈促其國之亂亡也現當曲阜學堂開辦伊始天下學
術之正僞視此爲標準我
朝國本之治亂視此爲轉移擬請
明諭天下定教育宗旨俾知我
皇太后
皇上興學之意以明人倫重躬行爲崇聖第一要義不在拘文
牽義徒託空言責成湖廣督臣張之洞會同學部慎選師儒注
重行誼求孔孟之正宗破門戶之陋習詳定規則奏覆施行務
期國學昌明世風隆厚以仰體
朝廷重道育才之盛心吾道幸甚吾國幸甚是否有當伏乞

皇太后
皇上聖鑒訓示謹
奏光緒三十二年二月初一日奉
上諭朕欽奉
慈禧端佑康頤昭預莊誠壽恭欽獻崇熙皇太后懿旨御史趙
炳麟奏請定教育宗旨一摺學術人心關繫至大疊經降旨宣
示學堂以中學爲主西學爲輔培養通才首重德育復將忠君
尊孔尚公尚武尚實諸端定其趨向凡在臣民豈容不修明倫
理顧行顧言茲據該御史奏稱曲阜學堂開辦伊始請以明人
倫重躬行爲要義等語亟應申明前旨俾共切實遵行所有曲

皇學堂應如何慎選師儒注重行誼著學部會同張之洞悉心妥議詳訂規則奏明辦理欽此

請撥實官捐溢額數目充廣西路款疏

奏爲廣西財政奇絀民生極困內憂外患逼迫萬分懇
恩將該省溢額捐數撥充路股事竊 臣 恭讀本月十五日
上諭以民生重困時局多艱
飭各省督撫講求地利矜恤民生
聖君愛民如子讀之涕下 臣 自丁父艱回籍目覩廣西病苦情
形本年八月十五日將該省民窮財盡不可終日之勢具摺瀝
陳想早在
聖明洞鑒之內近有自廣西來者言廣西兵燹水旱連年相繼
今歲秋歉穀米翔貴已倍曩昔明春青黃不接不知作何景況

臣思廣西自戊戌以來誓師討賊屢勞
聖廑現雖大股粗平而流民失業百倍昔時刧搶之案層見疊
出若不及早維持臣恐邊患未已西南門戶將洞開也臣嘗以
該省人口民財兩計之卽不遇偏災民財不敷㥛在二千萬兩
以上蓋民間入款不外食貨兩宗計廣西之食熟田祇一千萬
一千七百九十五畝畝歲收穀二石每人一日食米八合一歲
所食統計之約以三畝供一人之食廣西之田僅供三百三十
三萬四千人又計廣西之貨關稅歲徵約三十七萬二千兩平
均照値百抽三算其貨値銀一千二百四十萬兩釐金歲抽約
五十萬兩平均照値百抽五算其貨値銀一千萬兩一人之食

需田三畝三畝之田出米三石三石之米値銀十兩無田者每人需銀十兩方足供一歲之食貨入之銀祇二千二百四十萬兩僅供二百二十四萬人之食廣西人口八百三萬名左右以食貨二者供養給之費得食者祇五百五十七萬四千人不得食者尚有二百四十五萬六千人不啻以二人之食養給三人況乎富貴之家用財每兼平民十人或數十人之費未可以均平算也加以兵燹水旱相繼向之熟田今多荒蕪英德俄洋債匯豐磅價新派償款每年約解銀五十二萬餘兩將取之閭接稅故百貨昂貴向之每人歲需銀十兩者今二十兩且不足矣內地生計之艱如此而法人窺伺於其側者又日迫一日彼國

國會提議由國家籌有鉅款謀通越滇鐵道奪我路權取我礦產有公舉商人沙泰崙等來華運動之說 臣鄉之人屢與督撫籌商非大興實業無以拯內地之民生非自修鐵路無以杜外人之口實而同時並舉籌款萬難束手太息幾無良策近聞廣西實官捐截止溢額數目不下二百五六十萬兩部 臣奏駁令其退還捐生查勸捐委員分往各省各府散漫無紀若令其退還恐折扣侵蝕其銀上不歸
國家下不逮捐生徒飽委員之私橐而已 臣聞實官捐截止除廣西溢額外奉天溢額在三百萬兩以外查奉天廣西皆在停捐前報捐於停止實官政體並無違礙不過與原請捐數不符

耳擬請
諭令部臣將廣西溢數悉由部指撥作爲廣西鐵路國家補助股每年責成該省撫臣及鐵路總理將本銀息銀造册分報度支部郵傳部察覈廣西得此補助股二百餘萬加以民股數百萬貴縣自北海一帶鐵道指日可以興工內以廣土貨之行銷外以免他族之逼處臣聞雲南鐵路法人已得之掌握郵傳部臣尚思籌款贖回廣西乘外人未得之先自籌修築更省一番交涉且法人由國家籌款謀奪我土地人民我籌款以保土地人民更勢不能緩而義無容辭者也是否有當擬請
飭交度支部郵傳部覈議施行邊民幸甚伏乞

皇太后
皇上聖鑒訓示謹
奏光緒三十二年十一月二十九日奉
硃批該部議奏欽此尋議准施行由撫臣將其款立廣西銀行
作基本金見巡撫張鳴岐疏

請改給事中爲殿中侍御史疏

奏爲請

旨改給事中爲殿中侍御史以符名實而正紀綱恭摺仰祈

聖鑒事竊查給事中古爲加官秦置漢因之凡大夫博士備顧問者以此相加唐宋置正員隸門下省主封駁前明分六科科設都給事中左右給事中給事中凡章奏出入咸必經由違失牴牾悉得封駁不特此也朝政得失官司賢佞許聯署以聞蓋兼古代諫議補闕拾遺等職也我

朝雖罷封駁然分科治事檢閱題本按其名義猶不相遠近來各署辦事改題爲奏去年又裁六科名目考厥職掌無事可給

名實不符莫此爲甚是二十人者若存若亡若有若無揆諸我
皇太后
皇上整飭臺綱激揚風憲之盛心似未盡合也竊考唐御史臺
制置御史大夫一人今之都御史是也御史丞二人今之副都
御史是也次設三院一臺院置侍御史二殿院置殿中侍御史
三察院置監察御史今之察院彈劾官邪稽察省治兼臺院察
院之責而無其實權今之給事中諫諍闕失糾正非違略似唐
時殿中侍御史之職且舊署在
午門左側與唐代殿院體制尤相符合大抵設官分職與其有
名無實不如因實定名擬請

特旨將給事中二十員改名殿中侍御史秩正四品不徒名實相符且言路有此陞階可以內躋卿貳外擢監司不至終身沈滯矣 臣恭讀客冬

諭旨外官實缺四品以下至州縣皆得保送御史夫外官四品實缺道府是也保四品之官爲五品之職未由上遷又轉知府如體制何且各部設立丞參皆自郞員以漸躋卿貳惟御史終身沈滯皓首臺郞才智之士視爲畏途矣縱云人臣以道事君惟在諫行言聽膏澤下於民不應計及秩位此在臣下事君之義則然而

朝廷設爵位以勸士固不可不平允也况我國民智未開議院

未立所恃以宣
上德而達下情者惟以御史爲關鍵儻無以昭激勸而來才智之士人才消乏無裨治理其關繫良非淺鮮至殿中侍御史出缺應照補科缺舊例由吏部帶各道御史全行引見帶引之序則按資俸選擢之權則在
君上某也忠某也詐某也直某也曲
君上鑒之於微擇人而授於激揚風憲實有裨益我
皇太后訓政四十年功在
社稷德遍臣民我
皇上聖神文武大公無私古今官制必能洞見原委參酌得中

儻不以臣言爲迂陋而採擇之言路幸甚伏乞
皇太后
皇上聖鑒訓示謹
奏光緒三十三年正月十九日奏奉
旨交政治舘王大臣妥議具奏欽此尋議設掌印給事中二缺作爲正四品以備台諫升階見王大臣奕劻等議覆
疏

論各部丞參冗濫疏

奏爲各部丞參宜先請
記名後請
特簡以重
詔令而肅官方事竊臣伏讀光緒三十二年十一月十七日
上諭各衙門丞參但准該衙門堂官試驗得力人員出具切實
考語預行保薦俟奉旨記名後仍由軍機處開單請簡不許擅
自擬定指名奏補以重名器欽此仰見
朝廷審慎用人大公無私之至意欽佩莫名乃
詔墨未乾各部並不請

旨記名悍然奏補弁髦
朝章不徒官方過濫且違
詔令不遵思之可爲寒心夫帝王之御世也莫先於重號令詩曰訏謨定命遠猶辰告書曰愼乃出令令出惟行蓋人君於號令未出之先揆公理度民情不可忽也出令之後如綸如綍天下之人仰如日月之明畏如雷霆之震是以事靡不擧國靡不治反是令不行而君輕事且廢國且亂矣春秋傳曰爲天下主者天也繼天者君也君之所存者命也爲人臣而侵其君之命而用之是不臣也爲人君而失其命是不君也君不君臣不臣天下所以傾也臣誦其言竊以爲知治本矣況丞參者尙書侍

郎之根基也昔日九卿自鴻少至尙侍歷八九階登進甚遲今
日丞參至尙侍祇歷兩階登進過驟昔之九卿皆
帝心特簡非臣下所敢保流品甚清今之丞參但憑尙書侍郎
一言流品甚雜有州縣攀援權貴欲爲丞參者有試用道府極
力運動欲爲丞參者狗苟蠅營不可思議史氏書之爲
朝廷羞非僅敗壞天下事已也使果奇材異能韓信以匹夫而
拜大將尉遲恭以降將而備宿衛後世未嘗不誦漢祖唐宗之
英明而今日各部院登進者多才具平庸不過依草附木耳用
人如此可爲長太息矣擬請
申明前旨令各衙門大臣將試驗得力人員或應陞此項官階

者詳具性行事蹟切實奏保我
皇太后
皇上分別記名某也以丞用某也以參議用俟有缺出卽由軍
機處呈進記名全單聽候
特簡經此次
申諭之後各部有擅行奏補者以違
詔論從重治罪如是保人雖在臣工用人則在
君上不致受爵公朝拜恩私室且大臣奏保之初儻有瞻徇情
面賄賂通行及不勝此項職事或不應陞此項官階者羣臣糾
彈補救於預易爲力也臣爲重

詔令肅官方起見恭摺具陳是否有當伏乞
皇太后
皇上聖鑒訓示謹
奏光緒三十三年二月初九日奉
上諭御史趙炳麟奏各部丞參宜先記名後請特簡一摺各衙門丞參前經降旨飭令該堂官於試驗得力人員出具切實考語預行保薦乃各部有奏請先派行走者有聲明缺員逕行開單請簡者雖非指名奏補辦理究未一律嗣後仍著懍遵前旨預行保薦聽候記名由軍機處開單請簡以昭慎重欽此

籌邉備倭疏

奏爲籌邉備倭預防大患恭摺密陳仰祈

聖鑒事竊以我

朝起自東方奉天吉林黑龍江三省爲

國家根本之地關繫至重不待臣言自日俄開戰以後主權外移民困彌迫日本外示和平內懷兼併商業民業調查極詳著書之繁筆難縷述其最露狡謀者莫如戶水寬人及矢野龍溪等之議論戶水寬人所著之書名東亞霸權大抵言略取我國之法以東方爲根據一旦有事直驅北京東南各省傳檄可定戶水爲帝國大學校教習演說是義日本政府怒其洩漏密謀

辭退出校尋用七博士請還其職而用其人矢野龍溪所著之書名日本之將來大抵言我朝有三憂一列強逼處覬覦瓜分二綱紀廢弛大臣擅權三滿漢不融勢將內裂日本乘此下手可謀統一近聞日本創修新瀋鐵路且向英國大借國債力圖擴充即以我東方土地財產作抵新民昌圖開原安東山城子威遠堡等處設有車捐安東大東溝鳳凰廳等處強收雜捐鐵嶺瀋陽設商品陳列所開博覽會營口新民設電燈電話公司復州鹽灘運不納稅營口蓋平海城遼陽等處專擅裁判陵逼委員安奉鐵路各旅館日人專利不容吾民營商關東督都藉口防盜編軍人為警察徧於

各城經營東方日求進步視爲囊中物也久矣現在甫經大戰養精蓄銳示我以和平數年之後爲我大患者其在日本乎我將以外交抵制歟國力不充外交未有能得手者我將以情理游說歟蓄謀已久游說未有能聳聽者 臣終夜不寐反覆思維舍練兵以外實別無對待之策矣 臣所謂練兵者非謂徒襲形式聊備觀瞻謂夫擇樸誠忠勇曾經戰陣之將如直隸提臣馬玉崑之類假以事權專司訓練在京畿一帶挑選樸野勇壯之士練膽練心如臨大敵至少以兩鎮爲率一面節省各項新政冗費興立海軍一面剔除南北洋製造局積弊改良鎗礮務使緩急可恃建威銷萌而後內政外交方有下手之處以上數端

皆需鉅款民生凋敝萬難搜括 臣愚以爲妥定章程酌借外債但使主權不失歸還有期於急需似有裨益抑 臣尤有請者天下無不可治之世無不可辦之事但視人君用人何如耳用人之途君子小人盡之矣君子者淡於勢利拙於應酬行事則篤實而可恃臨敵則忠義而不撓然而無事之時人君往往退之小人趨於勢利工於應酬行事粉飾其外觀臨敵逡巡而不進然而無事之時人君往往用之夫人君喜治惡亂喜安惡危獨至用人往往退君子而用小人者何哉蓋君子愼獨戒欺篤於實行恥於虛飾不如小人自欺欺人掩其耳目君子難進易退孤行其意不如小人廣通聲氣賄賂公行朋黨爲之游揚權貴

爲之薦引是以無事之時陞高官擁厚祿者項背相望一旦有
事可恃者卒鮮此中消息不明雖日言練兵而兵不足戰日言
造械而械不足用緩其所急急其所緩今日增一官耗費數十
萬明日更一署耗費數百萬民力凋殘外侮逼迫宋人議論未
定敵兵將渡河而南治亂安危間不容髮再不努力後將噬臍
惟
聖明隨時留心焉天下幸甚臣爲預防大患起見不覺言之痛
切是否有當伏乞
皇太后
皇上聖鑒謹

奏光緒三十三年二月十九日奏奉

旨留中欽此

請精造軍械講求馬政疏

奏爲請

飭精造軍械講求馬政以振武備而强國力恭摺仰祈

聖鑒事臣讀春秋傳曰預備不虞古之善政諸葛亮云國之大事莫先於戒備詩言未雨綢繆孔子稱其知道且曰能治其國家誰敢侮之夫治國之道不一而振武尤其急務振武之事不一而軍械馬政尤其要需臣請爲

皇太后

皇上詳陳之自火器發明兵法大變兩國交綏器利者勝必然之勢也一千八百六年法攻節那普人輿屍山積有尼古喇族

銅工得賚賜者見而傷之拾遺鎗歎曰此鈍器也吾普持此敵拏破器敗沒宜矣因投入巴黎鎗礮廠從技師包力學製鎗研求二十年創造後瞠鎗普遂襲破法都日本有下瀨氏者善造火藥日人用製逼碼力能及遠遼東之戰遂破俄兵普之勝法日之勝俄固由宰相俾思麥小村等之籌畫將軍毛奇黑木等之訓練而其樞紐乃在得賚賜下瀨兩工人軍械之關繫豈淺鮮哉我國軍營鎗礮多購外洋利旣外溢器又腐敗欲以制勝戛戛其難況萬一有事各國守約禁賣鎗礮械有不濟禍不忍言雖有南北洋各廠而糜費多則價太昂出械少且不敷用甚至我之新式不如彼之舊式是以購於外洋者多用我自造者

少不加整理何能談兵擬請
飭令陸軍部會同湖廣督臣張之洞寬籌款項就湖北製造局
大加擴充湖北離海較遠戰時可以堅守鐵路四通轉運亦易
我國留學外洋能製新式鎗礮者設法招回破格錄用每月出
械若干件每件需款若干金及遠若干尺逐季報部驗其有無
進步天津上海各廠並請
飭令直隸督臣袁世凱兩江督臣端方會議改良之法同時並
舉其各項機器各項原料一併商籌製造以免受制於人此振
武之要需不可緩者一也周禮校人至圉人掌辨馬頒馬阜馬
養馬諸制極其詳備漢太僕牧師諸苑三十六所分布西北邊

場養馬三十萬匹唐置八坊豳岐涇寧閒地廣千里蓄良馬七十萬六千匹宋太祖因通利軍上十牧草地圖於諸州牧龍坊蓄牝馬萬五千匹逐水草放牧良駒蕃息閑廐充斥我

朝馬政尤甚詳明考其舊制曰牧場所以備放牧之地曰牧羣所以稽孳生之數曰牧課所以協賞罰之宜牧場舊址太僕寺左翼四旗東以布呼衣布拉克爲界西以察罕齊老臺爲界南以都什山爲界北以呼什呼蘭臺巴顏托羅垓爲界右翼四旗東以庫努克拉羅垓努赫圖溝爲界西以珠嚕臺烏赫爾齊老爲界南以克伊格達瓦都德衣哈喇爲界北以布爾噶蘇臺河南岸爲界又有大凌河牧場在盛京錦州府北口外上都達布

遜諾爾牧場達里岡崖牧場皆在獨石口外地方曠衍水草叢
茂
國初馬隊稱滿無敵可見當時鐵騎之精後以馬政廢弛六節
不諳外人購我馬訓練轉售我
國增價百倍不加整頓何以自強擬請
飭令陸軍部勘定牧地如東北之大凌河西北之科布多伊犁
天山南北東南之駱馬湖巢湖正西之青海西南之洱海擇地
設場大興牧政其太僕寺牧地有過寬衍者不妨勘定基址畫
明界限聽民墾種一面廣聘工人講求趣馬之節逐年册報復
修牧羣之制嚴定賞罰以爲牧課數年之後騂騮滿廐鐵騎縱

横何難復
國初馬隊之盛此振武之要需不可緩者二也以上二端皆宜趁此閒暇之時極力講求以爲預備抑 臣尤有請者凡事有無成效全視用人如何日本之礮兵工廠其經費不多於我南北洋各局而日本械利我國械鈍無他用人異也漢初良馬布野征伐裕如末世乃至耗乏下令自封君而下至三百石吏以次出馬卒不可復無他用人異也今欲整理一切如何遴選眞才剔釐弊竇全在部臣疆臣公忠體國非筆墨所能罄矣 微臣請精造軍械講求馬政緣由恭摺具陳可否
飭交陸軍部臣會同袁世凱端方張之洞等詳議辦法妥定章

程奏明辦理天下幸甚伏乞
皇太后
皇上聖鑒訓示謹
奏光緒三十三年三月初二日奉
硃批陸軍部知道欽此

請設禁衛軍疏

奏爲請釐定禁衛軍制度以重根本恭摺仰祈
聖鑒事竊聞人君高拱深宮必有期門羽林之士環衛而擁護
周禮太宰所屬宮正掌王宮之官府宮伯掌王宮之士庶子辨
其次舍行其秩叙後世於是有郎衛司馬所屬虎賁氏設虎士
八百掌先後王而趨以卒伍舍則守閑居則守宮視朝則在路
門之右旅賁氏掌執戈盾左右王車後世於是有兵衛漢之南
北軍居重馭輕唐置折衝府八百在關中者五百皆重內也日
本設近衛師團亦用是意我
朝雖不襲古法而規制相仿侍衛之職選三旗中材武出衆子

弟及各執事人員之可任者分班入直優者擢
御前侍衛
乾清門侍衛而統以三旗領侍衛內大臣此郎衛也前鋒統領
所轄之前鋒護軍統領所轄之護軍掌宿衛清蹕及宮禁傳籌
內禁門啟閉內府三旗所轄之前鋒護軍驍騎掌守衛隨從八
旗都統所轄之驍騎掌各處直班巡徼步軍統領所轄之步軍
掌禁城汛守外禁門啟閉此兵衛也光緒二十七年以後
端門內外多駐練兵衛軍爲之一變惟今年駐此營明年易彼
營制度未定挑選無常統自外僚深駐內府似非慎重根本之
意擬請

旨參用日本近衛師團之制置禁衛軍都督一人擇近支王公充補直隷於
君主統領禁衛各軍節制各旗都統及各項統領置禁衛軍副長二人擇忠勇知兵之將充補幫助都督專司訓練禁衛各軍應用步兵若干騎兵若干礮兵若干工兵若干輜重兵若干軍樂隊若干詳定額數由禁衛軍都督會同陸軍部於各鎭練軍中挑選身材强武品行方正者充之平時練習悉用新法其各都統各統領所轄之兵一律挑選强壯認眞操練每季由禁衛軍都督陸軍部尚書合禁衛軍及各都統各統領所轄之兵會操一次賞其勤而罰其惰務期兵歸有用款不虛糜數年之後

學堂有效凡禁衛軍及各都統各統領諸軍一律用徵兵之制
精益求精古稱周廬千列執戟百重此之謂也臣爲慎重根本
起見恭摺具陳應請
飭交王大臣會議施行天下幸甚伏乞
皇太后
皇上聖鑒訓示謹
奏光緒三十三年三月初二日奉
硃批陸軍部知道欽此

國立廣西大學圖書館

諫院奏事錄卷三

監察御史全州趙炳麟竺垣稿

論警官冗濫疏

奏爲請明定巡警廳限制以謹制度而杜奔競恭摺仰祈
聖鑒事竊以帝王馭世必謹制度重名器者豈吝一官一位哉以治亂消息所由關耳史所稱亂世非待盜賊竊發戎狄侵擾但使制度一亂綱紀紛然小人道長君子道消近則數年遠則十數年其國未有不爲盜賊戎狄所蹂躪者是故明君畏而謹之臣閱民政部所奏內外城巡警廳官制自廳丞至正副區官錄事計三百四十餘員外郊南北坊尙不在其內警官五品至

九品無額缺者亦不在其內昔時數指揮能治者今設官多至五六百倍糜費已可概見有以九品微員一躍而爲四品僉事者有以典史縣丞虛銜一保而補五六品警官者廚丁走卒混列衣冠亂黨匪人潛布職位臣竊爲制度惜之後漢王匡張卬橫暴三輔膳夫庖丁羣小豎賈皆授官爵時人爲之諺曰竈下養中郞將爛羊頭關內侯晉趙王倫謀簒奴卒厮役布滿朝籍時人爲之諺曰貂不足狗尾續此皆僭竊之邦大亡道之世立法用人是以如此今我

皇太后

皇上守一統之業勤政愛民勵精於上而制度乃下同於亂世

此宰相之罪也或曰不拘格例日本官人之新法也臣考日本任用官吏除天皇親任官無庸試驗外其高等敕任官以下皆經兩項試驗一爲豫備試驗其法有二曰論文曰迅速作文一爲本試驗其法有二曰口述曰筆述雖大學專門卒業者僅能免豫備試驗其試驗之詳密日本行政法可考也明治元年下詔杜苞苴清官途二年下詔愼選擧陞賢退不肖四年下詔戒濫擧明公道日本國志可稽也警保廳官制簡而不雜日本職員錄可證也今我之所謂通警務人員學習三月畢業者有之並三月而未學者有之所謂試署者不過數月卽稱其辦理妥善奏補員缺而員缺又百倍於日本此則臣之所不解者矣或

曰破格用人救時之急務臣考前大學士臣左宗棠爲舉人時
贊張亮基駱秉章幕府有功御史宗稷辰奏稱宗棠通權達變
贊理功多駱秉章亦切實奏保曾國藩亦上宗棠接濟軍餉功
文宗始命以兵部郎中用秉章復保宗棠運籌得力始
賞加四品卿銜今之高冠嶽嶽者自問於左宗棠何如宗棠屢
立戰功官不過部屬今日但得大臣一言取三四品官如俯拾
地芥是故多設員缺超陞品級不過爲大臣私人之位置格愈
破才愈抑世愈亂矣舉國混混相習成風鑽營之術研究必工
國家之事敷衍塞責前大學士臣曾國藩云無兵不足憂無餉
不足懼獨此人心陷溺絕無廉恥是謂不可救藥臣誦其言不

禁涔涔淚下矣是知制度者風俗之始風俗者治亂之原而君
相者所以定制度造風俗者也擬
請
明諭天下嚴定限制凡內外城郊巡警各官始終辦警以重職
事內不得轉部屬外不得任地方其辦警有實效者准各省督
撫奏調襄辦警政若五品至九品之警官既無額缺卽宜照軍
營五品至九品功牌之例不得與實官比較夫軍營人員舍軀
命捐妻子爲
國家敵愾於礮煙彈雨之中給賞不過功牌今以警官仿此例
最爲平允如此限制一定職任愈專庶免得隴望蜀取巧倖進

朝廷儻以制度必不可亂紀綱必不可紛請
採擇臣言
明定限制不勝悚惶待
命之至伏乞
皇太后
皇上聖鑒訓示謹
奏奉
旨留中欽此

論救御史趙啟霖疏

奏爲請寬容臺諫維繫人心恭摺仰祈

聖鑒事竊臣伏讀本月初五日

諭旨御史趙啟霖因彈劾親貴不實革職以示懲儆

雷霆之下誰不震慴臣雖至愚豈不知言出禍隨徒取罪戾惟

爲

社稷計爲生民計實有不忍不言者夫時局至今日危險極矣

外人則狡謀久蓄欲肆瓜分內地則亂機將發各懷異志臣愚

以爲處此時勢大小臣工皆應勸善規過共濟時艱儻敢言之

諫臣嚴加屛斥臣恐言路閉塞人心解散天下事有不忍言者

矣乾隆時御史曹錫寶彈劾權貴不實部議降調
高宗諭云御史究屬言官一時未察虛實以書生迂拘之見託
爲正言陳奏姑免實降著加恩改爲革職留任欽此洋洋
聖謨逓爲美事臣固知慶親王奕劻秉國有年非權貴可比而
今日時局艱難人心離貳實甚於
高宗純皇帝之時慶親王奕劻誼係懿親宜有古大臣休休有
容之度我
皇太后
皇上勵精圖治宜存固結士氣愛惜人才之心古人自王以下
官師相規善則勸之過則匡之患則救之失則革之明盛之時

大抵如此若夫惡聞過擧驅逐言官皆未造稗政其禍至於無所底止奕劻身爲大臣而因言該親王去位者前既有蔣式瑆今又有趙啟霖揆諸大臣愛才之心必有惶悚不自安者今日幸
祖
宗之澤未湮君臣之綱具在尙有人不計禍福以卵觸石爲朝廷爭名器若使紀綱廢弛仁義充塞我
皇太后
皇上雖懸賞以求直言恐亦不聞於耳矣況段芝貴自署黑江巡撫以來士夫之談笑報館之譏評久已傳布天下日本東京

報紙亦紀其事臣早欲具摺糾參惟參之則無眞實之憑據不參又不能上對
君父下對天下士民日夜焦思以至於病及見趙啟霖糾參益欽
皇太后
皇上之清明深自愧多所顧忌不如趙啟霖之不顧處分今則如臣之多所顧忌者獨留於
朝如趙啟霖之不顧處分者罷職而去設立言路之謂何將何以作其氣耶他日儻有權奸干國賄賂公行者誰復爲之直言極諫耶臣再不言是重負

朝廷矣伏乞
皇太后
皇上法
高宗之優容以作士氣慶親王奕劻守大臣之風度不計小嫌
則朝野上下傳爲美談勸善規過共維時局天下幸甚儻以臣
言爲朋比則臣實無面目以立於朝亦將還冠帶於
陛下辭我
皇太后
皇上而歸田里矣臨疏涕淚交集不知所從伏乞
皇太后

皇上聖鑒訓示謹
奏光緒三十三年四月初八日奉
上諭朕奉慈禧端佑康頤昭豫莊誠壽恭欽獻崇熙皇太后懿
旨昨據陸寶忠奏言官參劾失當心實無他一摺本日御史趙
炳麟奏請寬容臺諫一摺御史趙啟霖污衊親貴重臣既經查
明失實自應予以懲儆臺諫以言爲職有關心政治直言敢諫
者朝廷亦深嘉許惟賞罰之權操之自上豈能因臣下一請即
予加恩至所慮阻塞言路前降諭旨業已明白宣示凡有言責
諸臣務各殫誠獻替盡言無隱以副朝廷孜孜求治之至意欽
此

請銷黨見疏並附片

奏爲請遵

祖訓以端皇極消黨禍而延

國運恭摺仰祈

聖鑒事竊洪範一篇箕子敷陳王道以訓武王其要在建皇極而建極之要則曰惟辟作福惟辟作威惟辟玉食臣無有作福作威玉食臣之有作福作威玉食其害於而家凶於而國人用側頗僻民用僭忒深切反覆而言之者何哉集傳曰惟辟者戒其權不可下移也無有者戒其臣不可上僭也反此大亂將自此生臣之有家者僭之必貽害於而之家臣之有國者僭之必

致凶於而之國且大臣不法則小臣不廉凡在位之人皆因之而頗僻君子犯義則小人犯刑凡在下之民皆因之而僭忒古今治亂之幾其在斯乎臣考作福云者爵祿慶賞是也作威云者刑罰征誅是也是故賞罰者天子之大權非臣下所可間干者也儻賞罰之權落於臣下天下知有大臣不知有天子依草附木別戶分門羣小乘之蜚誣搆謗互相齮齕迄無虛日久且殺戮以隨其後而國本因之動搖黨錮興而漢亡淸流誅而唐亡道學禁而宋亡東林逐而明亡亡國之道如出一轍其原皆由皇極不端紀綱紛亂大臣爭勢小臣助瀾同室操戈牢不可破必至鼎遷社屋而後已我

聖祖仁皇帝深鑒其弊力戒黨禍凡大小案件必明勘罪狀確
定是非宣布天下與衆共之行政用人
宸衷英斷如湯斌張伯行舉朝搆之
聖祖用之鼇拜明珠舉朝附之
聖祖罷之王道蕩平毫無偏黨所以破明末結習立我
朝數百年根基者皆守洪範之訓也臣觀今日大臣爭權小臣
附勢人心險詐朝綱廢弛不早維持弊將安極豈徒開明末黨
援之習且恐釀唐季藩鎭之憂推究其原皆因威福下移天下
知大臣不知
天子之所致也臣　恭錄

聖祖仁皇帝上諭一道伏乞
飭令京朝各部院及直隸總督書之匾額豎於衙署俾觸目警
心預防流弊 臣尤願我
皇太后
皇上思
祖
宗創業之艱念子孫貽謀之遠燭破讒閉嘉納忠言行政用人
斷之於
聖衷公之於輿論使大臣無竊權之慮斯小臣無結黨之風所
謂上有皇極下無朋比漢唐末習庶其免乎 臣爲述

祖德挽時弊起見恭摺具陳是否有當伏乞
皇太后
皇上聖鑒訓示謹
奏光緒三十三年五月二十七日奉
硃批著政治館交各部院各督撫閱看欽此

康熙三十年辛未十一月己未
上諭吏部從來致治之道在正人心人心偏私則詐僞日生而
風俗滋弊人心公直則囂競自息而庶績允釐朕早夜孜孜崇
尙德教蠲滌煩苛期與中外臣民共適於寬大和平之治凡大
小諸臣素經拔擢咸思恩禮下逮曲全始終卽或因事放歸或
罹咎罷斥仍令各安田里樂業遂生惟爾諸臣亦宜奉職恪共
絕偏私而襄國是近見內外各官間有彼此傾軋伐異黨同私
怨交尋牽連報復或己所銜恨而反囑人糾參陰爲主使或意
所欲言而不直指其事巧陷術中雖業已解職投閒仍復吹求
不已株連逮於子弟顚覆及於身家甚且市井奸民亦得藉端

凌侮蔑紀傷化不可勝言凡若所行雖迹甚詭秘朕總攬機務已三十年此等情態知之甚悉倘因仍陋習益致蔓延殊非朝廷所以體悉臣工保全愛惜之意夫讒譖媢嫉之害歷代皆有而明末爲甚公家之事置若罔聞而分樹黨援蜚誣排陷迄無虛日以致釀禍既久上延國家朕歷觀前史於此等背公悞國之人深切痛恨自今以往內外大小諸臣應仰體朕懷各端心術盡蠲私忿共矢公忠豈獨國事有裨卽爾諸臣亦獲身名俱泰倘仍執迷不悟復踵前非朕將窮極根株悉坐以交結朋黨之罪爾部可卽傳示中外俾咸知朕意欽此 臣趙炳麟恭錄

再臣讀五月初七日
上諭惲毓鼎彈劾瞿鴻禨有授意言官一層臣以爲必有證實
自應將言官懲治以肅紀綱乃近聞惲毓鼎對人言云授意言
官謂趙啟霖奏請三儒從祀一事臣聞之不勝駭然查二十年
以前奏請顧炎武黃宗羲從祀者有陳寶琛又有孫家鼐潘祖
蔭等十人奏請王夫之從祀者有郭嵩燾又有孔祥霖彼十數
人者豈皆有人授意耶且我
列祖
列宗
欽定國史儒林傳以顧炎武黃宗羲冠首高風亮節照耀丹青

又何所用其授意耶惲毓鼎作爲此言者蓋別有希冀正
聖祖所謂意所欲言而不直指其事使巧陷術中者也此種手
段惟明之阮大鋮慣爲之我
朝所罕見也趙啟霖不足惜 臣 獨惜時局至此大小臣工不以
國事爲念互相傾軋儻
聖明未能燭破私情黨禍牽聯迄無虛日雖有關心政治欲効
犬馬之忠於
陛下者亦無所措其手足眞有如
聖祖所謂釀禍既久上延國家者此固非
朝廷之福亦非大小諸臣之福也 臣 爲消黨禍延

國運起見附片密陳伏乞
聖鑒謹
奏光緒三十三年五月二十七日奉
旨留中欽此附大學士孫家鼐尚書鐵良查覆疏云
臣等伏思暗通報館授意言官必須問明何處報館言官何人方能據實查核因令原奏官惲毓鼎開具節略旋據開呈汪康年瞿鴻禨密黨曾廣銓爲鄉里私交等語授意言官則指出已革御史趙啟霖奏王夫之從祀一案臣等竊謂原奏官一面之詞恐或有所偏重因復博訪周諮詳慎考察如曾廣銓乃原任大學士曾國藩之孫與瞿鴻禨同鄉而有世交難禁其不相熟

識汪康年係浙江人曾經中式進士與瞿鴻禨有文字之交往來亦所難免開設報館曾廣銓入有股分汪康年爲之主筆人言多係如此臣等反覆推求惲毓鼎所奏雖出有因尚未能遽定此案虛實開設報館未有不欲售報之多則假一有勢力之人以張其聲息靈通之效報館積習大抵如此謂曾廣銓汪康年借瞿鴻禨之勢力在外鋪張恐所不免瞿鴻禨擇交不愼防閑未能周密亦或有之若云用人行政大端敢於預爲洩漏瞿鴻禨斷不致糊塗至此如以平素偶有往來卽指爲暗通消息似尚未爲允協瞿鴻禨業經奉
旨開缺回籍可否免其置議之處恭候

聖裁至言官趙啟霖平素以能言自命未必肯受人指使且王
夫之從祀一節事屬因公亦無所用其指使並請一併無庸置
議奉
旨依議欽此

請清政源疏

奏爲請清政源以爲立憲之預備恭摺仰祈
聖鑒事竊臣伏讀
諭旨令內外臣工條陳憲法仰見
朝廷孜孜求治之至意臣愚以爲各國憲法固宜旁搜博採以備仿行我國舊制含有立憲性質者尤宜切實遵行以爲立憲之預備夫憲法之妙全在三權分立政府總握行政大權上受
君主之命下爲民人所賴故政府之對君民應自負其責任君民之對政府應各施其監督此固無論君主立憲民主立憲皆以是爲不易之法也我

國軍機處舊制其良法美意亦有合立憲性質今日亟宜復行
以清政源者請晰陳之
一宜復軍機處署名之制也考各國責任政府凡用人行政必
令大臣署名任之專正以責之重我軍機處舊制亦令大臣署
名伏讀乾隆三十年閏二月
上諭向來軍機大臣寄信諭旨該督撫等覆奏時止稱接准廷
寄並不書寫承旨銜名於體制殊未允協嗣後各省督撫等接
准軍機大臣遵旨寄信傳諭有應具摺覆奏者俱著將寄信內
所開承旨人名一一開寫不得但稱廷寄及軍機處字樣可於
奏事之便傳諭各督撫一體通傳應行奏事之各該衙門遵照

欽此三十六年二月
駕巡山東大學士尹繼善劉統勳協辦大學士尙書劉綸俱未
隨扈經軍機處奏請面奉
諭旨淸字寄信著尙書福隆安署名漢字寄信著尙書于敏中
署名以此考之凡傳諭保人無不署名以當責任矣自署名之
制廢於是傳諭以無考覈而前後不免參差保人以無責成而
賢佞不免雜進甚且善則歸己過則歸君其弊至於無所底止
擬請
旨申明舊制凡傳諭之事無論爲明諭爲密諭皆署擬旨大臣
銜名以備考覈凡保人之事無論爲明保爲密保皆署原保大

臣銜名以當責成卽繕擬電諭面保人才亦必署名存案務使
檔有可稽責無旁貸臣所謂清政源者此其一也
一宜復軍機處稽查之制也夫立憲之事累千萬言莫究其端
而其義可一言盡之曰君民共治而已民之所以能共治於君
者曰舉代表監督政府而已唐太宗令諫官隨宰相辦事千古
傳爲美政我
高宗時軍機大臣和珅阿桂等不睦辦事異處御史錢澧持舊
制論之
高宗嘉納令錢澧稽查軍機處嘉慶五年十一月
仁宗以軍機處宜嚴密肅清命科道各一人進內稽查此皆隱

合監督政府之意自稽查之制廢於是傳諭參差保人濫冒皆
無所舉發而國事多誤於無形之中矣擬請
旨申明舊制每月之杪
欽派給事中御史各一人檢軍機處本月檔案逐一淸査倘有
傳諭參差保人濫冒之事指名奏劾按律嚴懲務使責任旣重
監督又嚴自不敢不愼勉從公共襄危局臣所謂淸政源者此
其一也以上二條皆我舊制含有立憲性質應請
飭交政治館王大臣會議施行天下幸甚伏乞
皇太后
皇上聖鑒訓示謹

奏光緒三十三年六月十八日上奉
旨留中欽此

再請清政源疏

奏爲請檢徽臣所陳清政源一摺
飭交政治館會議恭摺仰祈
聖鑒事竊臣於六月十八日上疏請清政源復行軍機處署名
及稽查之制請
旨交政治館王大臣會議施行迄今未蒙
交下意者
朝廷將以是爲窒礙難行歟臣請復申論之夫政府有責任有
監督功過不能假借行政用人自必慎勉從公以求完善反是
功過不能分明同儕既互相推諉且功則歸己過則歸君國家

政事往往隳於無形之中是以中外政治家皆以政府對於君
民應有責任君民對於政府應有監督爲立憲第一要義也況
臣所陳皆我舊制
高宗
仁宗實行之承旨署名之制至恭親王輔政時始廢方今外患
內憂交相困迫一諭失當一人失機貽禍至不堪設想而求其
罪之所在又泛無歸屬洵可慮也擬就舊制擴充凡傳諭之事
分編四册曰明發曰廷寄曰交片曰電諭年月日下署臣某恭
擬字樣其行部院督撫仍照舊制開寫承旨銜名凡保人之事
分編三册曰明保曰密保曰例保年月日下署臣某謹保字樣

明保者具摺保者也密保者召對面保者也例保者如尙侍至
丞參督撫至道府遇有缺出我
皇太后
皇上垂詢各該大臣該大臣照舊例所開單內保授是缺者也
檔册編定
每月派給事中御史稽查一目了然責無旁貸我
皇太后
皇上隨時綜覈如網在綱立憲基礎端不外是或謂擴充舊制
何如組織新內閣不知爲治之道不在鋪張形式而在講求精
神但使明定責任確立監督舊制亦有立憲之性質俟衆議院

成立之時卽新內閣組織之日三權鼎立自無弊端若不定責任不設監督組織新內閣而三權混壹終有弊無效日言立憲去立憲愈遠矣或謂 臣爲是議似令政府爲難不知 臣與政府處外患內憂交迫之時共安危同休戚相顧不暇豈忍相難惟欲上下維繫躋於完善共達其撥亂反正之初心則耿耿下忱未嘗一時去諸懷抱者也宋臣司馬光包拯之事君一疏不允累八九請不嫌其數 臣謹援是義復請

朝廷檢 臣六月十八日原奏合 臣此疏一並

飭交政治館妥議辦法切實施行天下幸甚伏乞

皇太后

皇上聖鑒訓示謹
奏光緒三十三年六月二十三日上奉
旨留中欽此

論責任制度疏

奏爲組織內閣必確定責任制度以求立憲之精神而免專權之流弊恭摺仰祈

聖鑒事竊聞

朝廷納直隸督臣袁世凱之請建立政府組織內閣臣素持議院與內閣同時並立之說蓋以議院司監督內閣負責任二者並立方免偏重今既決意先立內閣矣惟監督機關有必須預先設立者臣請復論之夫立憲國之貴有政府者貴其有責任制度也欲責任制度之確立必有司督責之柄者故東西各國政治家多稱英內閣制度完備曰責任內閣亦曰正統內閣其

制度之發達當初有通常會議及永久會議議員皆帶監督行政之職守終遂輔弼君主而司政治後乃自其中特選數員開樞密會議通常永久兩會皆失勢力全權歸於樞密久之君主以樞密不便更選人入內閣始有啗賓內閣之名初無所謂黨派及威廉三世時政黨角立互相爭執君主揀會中多數黨派使爲內閣而行其政見政黨內閣濫觴於此其內閣大臣對任命之君主有責任外下爲議會多數反對卽不能居其位別易一新政黨以隨其後故日本亦仿其責任之義於憲法第五十五條大書特書曰國務諸大臣輔弼天皇如失其道任其重責伊籐博文解其義曰大臣掌行政強權不徒在於將順贊參之

職又居於匡救矯正之地宜以躬任其責若大臣而無任責之義是行政權力得踰法律之外而法律徒爲空文故大臣責任實爲立憲及法律之根據也臣不揣檮昧謹就設立責任之義條列管見於左

一政權兵權不可混合　內閣總理大臣權勢極重君民得恃以施其責任之實力者惟總理大臣不掌海陸軍而已萬國憲法皆以統帥海陸軍之權專屬君主無論皇族分掌將領分掌但爲內閣總理者卽不得兼掌海陸軍此不易之理也漢時丞相掌政權太尉掌兵權御史臺掌言論權此中國政治上之三權未可稍混王莽以大司馬而秉政則漢移於新曹操以丞相

而專兵則漢絕於魏乃知政權兵權混合皇室失其尊榮而陷於至危小民受其壓制而無所控訴患孰甚焉應明定限制凡爲內閣總理大臣及副大臣者皆不得兼海陸軍與軍諮府之任永著爲例俾大臣得專心於輔弼而君民得實施其監督誠第一要著也

一資政院宜實有議院之性質　議院者立於人民之地位而監督政府者也中國國會一時未能成立資政院宜豫備爲國會一部分之上議院須別以議院法令定之與官制之性質迥相逕庭宜與政府分離不爲政府兼併宜就欽選會推保薦三法選通達治體極言敢諫之人組織是院凡院中所陳得過半

人數同意之決定者政府不得拒絕政府如違法失政得院中人數過半同意之彈劾者必付行政裁判院評議其重大者政府不能居其位彼此相維躋於完善非此不可故資政院必須先內閣而建也

一審計院及行政裁判院宜同時設立　君民所以實握督責之機關者曰檢查歲用曰行政訴訟審計院不立則行政官之歲入歲出借貸國債皆無人過問而財政上之責任弛矣行政裁判院不立則行政官之畸重畸輕違背綱紀皆無人評定而法律上之責任弛矣欲行責任制度必立監督機關應照光緒三十二年編定官制原案將審計院及行政裁判院同時設立

而實行其職務一以堅國民之信服一以制行政之專橫庶責任機關較爲完備

一都察院必須整頓　我國國會未立資政院勢力尚在幼弱恃以操責任之實權者在乎
君上都察院給事中御史等官不可撤其奏事之權以備
君上之耳目宜照光緒三十二年編制局所定都察院原案切實施行並宜仿會推保薦之法選明達正直人員以充是職其有不合言職者酌量改外滿漢一律嚴加甄選使與資政院同立於監督行政之地位他日國會成立此院方行裁撤未爲晚也

一內閣大臣必定任限　內閣大臣權勢既重責任又嚴任限過久恐其有專橫之憂且精神亦或不濟任限過暫不能收措施之效且政本亦易動搖應酌定任限凡內閣大臣無論總副皆以三年爲一任良者再任不得連三任間一任或二任之後仍可復任其退任者或留京以備顧問之資或退息以遂山林之樂聽其自便若有大不當之事被資政都察兩院之糾彈者付行政裁判評定而行罷黜之典如有小過施以正當之處分不宜輕率易相以致政事之無效也以上五條明定責任之制度確立監督之機關如組織內閣似皆不可偏廢方能維持秩序而無患氣之乘儻各種監督機關全不預先設立驟建此無

限制之政府臣恐大權久假不歸
君上將擁虛位議院無期成立下民莫可誰何顚覆之憂將在
眉睫此固非
朝廷之福又豈政府諸大臣之福哉是故非先設各種監督機
關責任制度斷不完全甚非所以預備立憲之義臣以茲事關
繫
國本謹竭愚衷冀邀
採擇應請
飭交政治館一並會議具奏不勝悚惶待命之至伏乞
皇太后

皇上聖鑒謹
奏光緒三十三年七月初三日奉
硃批政治館議奏欽此

論漢員宜照常守制疏

奏爲漢員宜照常守制不准署缺以扶名教而植人倫恭摺仰
祈
聖鑒事竊聞三年之喪貴賤皆同蓋子生三年然後免於父母之懷故仁人孝子之居喪也不樂不甘毀瘠柴立人主不忍復勞以事是以居喪之開差缺昔先聖王以仁人孝子待其臣也古人雖有奪情之舉此必國中有大不得已之事非其人不能辦君臣乃偶用其權迨至功成名立在仁人孝子之心未有不引爲大恨者實天性之自然非假借出之者也邇年居喪人員紛紛當差臣已歎天性之日薄近日各部奏保丞參往往以丁

憂人員奏請
簡署員缺三年通喪從此淪亡黃土未乾朱紱在握孝且不講
忠於何求夫種桃李者被其芳種蒺藜者受其刺平時不以仁
孝養之臨時欲以忠義責之必不能之事也可否明降
諭旨禁止各衙門不得以丁憂人員奏保其有業經署缺者一
律開去差缺以符定制在此日明倫飭紀有以維禮教之衰庶
他年移孝作忠足以備干城之寄是否有當伏乞
皇太后
皇上聖鑒訓示謹
奏奉

旨禮部議奏欽此

論資政院用人宜慎疏
奏爲資政院開辦伊始用人宜慎應嚴定選舉章程以洽輿情
而襄國政恭摺仰祈
聖鑒事竊臣伏讀
諭旨設立資政院以爲議院基礎立憲之
詔似將實行天下臣民皆深欽悅惟政事之舉廢全視用人之
得失得其人足以圖治失其人足以致亂各國議院多行民選
之制我國教育尚未普及民選實難驟行然選舉章程必須嚴
定庶可以孚民望查去年該院草案第四條雖有
欽選會推保薦三法不過註明選舉之方尚未詳定不應選舉

之限制第九條雖開不得爲本院各項人員不過就普通職事定之尙未就個人資格言之 臣考日本貴族院令凡受刑事訴訟在拘留或保釋未經裁判確定者皆不得爲互選人明治二十二年敕定貴族院勳爵選舉章程凡瘋癲癡呆者及受身代限處分未免負債之義務者皆不得爲互選人是年內務省宣布貴族院議員選舉章程第四條所開不得爲互選人者六項一瘋癲癡呆者二公權已被削奪及停止未復者三被處禁錮之刑滿期或赦免後未過三年者四照舊被處懲役之刑滿期或赦免後未過三年者五因犯賭博受刑滿期或赦免後未過三年者六爲犯關於衆議院議員選舉之罪選舉權被選舉權

停止未復者以上各條皆嚴定限制專就個人資格言之我當
開辦伊始若無定章臣恐賢佞雜來羣言淆亂徒耗經費莫補
時艱是寒天下之心而遺外人之笑也應請
旨飭令該院總裁先將選舉章程嚴加訂定明布天下切實奉
行然後再定議事之權限務使輿情悉洽國政同襄天下幸甚
伏乞
皇太后
皇上鑒訓示謹
奏奉
旨資政院知道欽此

諫院奏事錄正誤表

冊別	頁數	行數	字數	誤	正
卷一	第三	第十四	劃字下	劇	據
	二十一	第八	雜字上	左	佐
	三十四	十六	見字上	已	己
卷二	第九	第八	接字上	閒	間
	十七	二十	關東字下	督都	都督
卷三	第七	第八	頗字上	側	則
	第八	十七	譏字下	閒	間
	二十三	第四	一字上	閒	間
	二十八	第八	上字下	脫	聖